财经
法治

U0932357

中证中小投资者服务中心

CHINA SECURITIES
INVESTOR SERVICES CENTER

投资者

INVESTOR

第20辑

（2022年11月）

夏建亭　主编

法律出版社
LAW PRESS·CHINA

北京

图书在版编目(CIP)数据

投资者. 第20辑 / 夏建亭主编. -- 北京 : 法律出版社, 2022
ISBN 978-7-5197-7326-7

Ⅰ. ①投… Ⅱ. ①夏… Ⅲ. ①投资-研究-中国 ②投资-金融法-研究-中国 Ⅳ. ①F832.48 ②D922.280.4

中国版本图书馆CIP数据核字(2022)第224428号

投资者(第20辑)
TOUZIZHE (DI-20 JI)

夏建亭 主编

策划编辑 陈 妮
责任编辑 陈 妮 黄 筝 张思婕
装帧设计 李 瞻

出版发行 法律出版社
编辑统筹 法治与经济出版分社
责任校对 王晓萍
责任印制 吕亚莉
经　　销 新华书店

开本 787毫米×1092毫米 1/16
印张 10.75 字数 217千
版本 2022年11月第1版
印次 2022年11月第1次印刷
印刷 固安华明印业有限公司

地址:北京市丰台区莲花池西里7号(100073)
网址:www.lawpress.com.cn
投稿邮箱:info@lawpress.com.cn
举报盗版邮箱:jbwq@lawpress.com.cn

销售电话:010-83938349
客服电话:010-83938350
咨询电话:010-63939796

书号:ISBN 978-7-5197-7326-7
定价:68.00元
凡购买本社图书,如有印装错误,我社负责退换。电话:010-83938349

投资者
INVESTOR

卷首语

为了进一步加深对资本市场投资者保护热点、难点问题的研究与探讨,提升研究的广度与深度,投服中心面向社会各界长期征稿,共同探讨。本辑共设5个栏目,收录专家学者、市场实务人士等的10篇文章,与读者共享。

【政策解读】收录1篇文章

杜伟杰的《〈公司法〉修改背景下未届期出资股权转让后的出资责任承担分歧与规则构建》一文认为,《中华人民共和国公司法》虽初步确立了认缴制的新格局,但是认缴出资期限未届至的股权在转让后的出资责任归属问题争议颇多,在理论界上,存在转让股东责任说、受让股东责任说、连带责任说和区分责任说等观点,在司法裁判中,存在受让股东单独承担责任、转让股东和受让股东承担连带责任、转让股东和受让股东承担补充责任和可选择向转让股东或受让股东主张出资责任等观点。文章还结合《中华人民共和国公司法》股权转让相关理论基础,明确以受让股东承担责任为原则,以受让股东与转让股东承担连带责任为特殊情形,以转让股东承担责任为例外的裁判规则,以期能够促进裁判尺度的统一。

【理论探究】收录3篇文章

杨浛的《招股说明书引入仲裁条款的可行性研究——以投资者保护为中心》一文认为,在招股说明书中引入仲裁条款,以便将证券侵权民事赔偿纠纷提交仲裁解决,主要面临着是否存在基于合意的有效仲裁协议、是否违反法律强制性规范以及是否符合投资者保护的公共利益目标等问题。文章分析了国内外理论及监管实践并结合中国资本市场实际情况,提出通过招股说明书仲裁条款引入仲裁机制是完善我国资本市场纠纷多元化解机制和保护投资者合法权益值得探索的方向。

鲍晓晔的《证券内幕交易损害赔偿司法救济的完善》一文认为,内幕交易违法者侵害了投资者的公平交易权,应当对投资者内幕交易行为导致的损害承担赔偿责任。证券法对内幕交易民事赔偿责任作出了规定,但现有立法规定较笼统、原则性,司法实践中仍需基于一般侵权诉讼的构成要件来承担证明责任,尤其因果关系认定是举证难点,导致内幕交易民事赔偿诉讼原告举证难、胜诉率低。为解决此困境,建议健全内幕交易民事赔偿的司法解释,强化投资者保护机构在内幕交易损害赔偿案件中支持诉讼的重要作用,或通过示范性判决明确内幕交易损害赔偿的规则。

刘卫锋、兰国强的《公司不等比减资决议的规制进路——以决议行为性质为视角》一文认为,公司减资制度是公司经营管理过程中,面对各种风险因素而处置闲置资本的重要工具,同时是对赌协议等商业安排的重要内容。实践中对于不等比减资的裁判,大多采取类推适用的方法得出需要全体股东一致决的要件,在结果上采取恢复原状的措施。而这一裁判思路和结果并不符合商业逻辑和公司治理的效率要求,对其如何规制成为一个难题。在法律定性层面,决议行为的法律行为属性恰好可以弥补组织法层面的缺陷,厘清决议不成立与决议无效、可撤销瑕疵形态的成立要件,进而作出精准定性。在法律效果层面,以原则上不溯及既往为主,辅之以损害赔偿、股东退出权来救济受损股东。以柔性司法干预提高公司治理的灵活性,促进商业交易便捷。

【市场实务】收录 2 篇文章

耿中华的《投资者问卷调查实证研究》一文,首先,介绍了社会调查的问卷主要分类:量表问卷和非量表问卷。其次,介绍了量表问卷和非量表问卷在获取数据后应该选择或者可以适用的数据处理方法、问卷分析步骤和分析模型。最后,用投服中心每年都进行的投资者知权、行权、维权现状调查为案例实证分析,探究投资者在受到因虚假陈述带来经济损失后,不可变的自身因素对投资者的维权选择是否有统计意义上的实际影响,探究问卷作答时长与投资者回答真实有效性之间的关系,探究作答激励对投资者问卷作答真实性的影响。

唐茂军、余鲁佳的《法律服务中心损失测算业务发展研究报告》一文认为,损失测算服务是我国证券虚假陈述纠纷司法实践近年来新出现的业态,在补齐证券投资者保护制度短板、优化营商环境等方面发挥着越来越重要的作用。法律服务中心损失测算业务定位于公益性专业咨询服务,该业务经 3 年多的飞速发展,业务规模逐年扩大,在司法实践中产生了较大影响力。文章对损失测算市场现状做了深入分析,全面总结了法律服务中心损失测算业务发展经验,以及面临的困难挑战,最后结合中心实际提出了业务发展规划。

【投教园地】收录3篇文章

程伟、杨飞、谌洪建的《创新竞进　打造特色投教》一文认为，投教是一项以提升国民金融素质为目标的公益性服务，此项工作的开展不能单纯依靠一家公司或一个群体，而是需要各市场主体间广泛深度合作，资源共享，形成合力，共同促进投教事业进步。投教发展离不开创新，如何将枯燥的内容变为深度体验，将晦涩难懂的金融理论与紧贴生活的案例相结合，让投资者对所投资的标的有更多直观感受，是投教工作的目标之一。广发期货正不断通过观念创新、内容创新、形式创新等方式，提升投资者获得感，扩大投资者教育覆盖面，旨在为培育理性成熟的投资者队伍、维护资本市场健康稳定发展贡献一份力量。

俞仲海的《成功的投资基于价值的判断》一文，分享了作者10年投资感悟，并向投资者详细介绍了自己对港股通投资价值进行分析的逻辑，同时表达了自己看好科创企业及科创板的未来发展的观点以及对中国经济发展充满信心。除此之外，作者谈了对机构投资者以及被动产品10年来快速发展的看法，并呼吁投资者坚持价值投资、理性投资的理念。

陈文韬的《一线分支机构投资者保护及教育的探索与思考——国内投资者诉讼维权实践与建议》一文，结合作者在基层证券分支机构工作中感受到的当前投资者保护教育工作以及诉讼维权的困难点，研究对比国内民事侵权司法救济机制和国外投资者保护制度，提出从建立会员单位与投服中心的联络人制度和统一维权平台、引入投服中心通过交易所互动平台进行提问监督、对风险上市公司实行财产保全措施、加强投资者教育产品质量及影响力等思考与建议。

【域外视野】收录1篇文章

薛前强、王泱阳翻译的《论公司治理中的投资者主导型可持续性》一文，提出了在资本市场中实现更强可持续性的另一种途径，即扩大对投资者的赋权。这种对市场自身的信任的基础是近年来金融市场中供需双方的发展变化，以及机构投资者向共同所有权的转变。在不同类型的资产管理者或机构投资者之间建立联盟，以及说服其他投资者支持某一特定的倡议，这些需求可以作为一个内在的过滤器。其作用是帮助市场克服追求股东的异质性利益，[①]而仅支持那些得到大多数投资者支持的活

① 股东不同的利益获取方式，因股东异质性导致的股东之间利益冲突表现得非常突出，股东的异质性为不同股东之间的利益冲突提供了分析的平台，即股东具有不同的利益获取方式，这种异质性在股东概念形成之初就存在。

动。近年来,机构化的投资者平台已成为一种给投资者赋权的力量,其不仅有助于协调投资者的活动,同时利于分担参与成本。环境、社会和公司治理(ESG)的股东参与是实现未来可持续发展方面的巨大驱动力。文章指出,与以立法机构为主导的规范性和监管方式相比,投资者主导的可持续性更具优势。此外,投资者青睐的评估不会像笼统的法律标准那样削弱社会福利,不会引发监管套利,同时不会使公司决策陷入僵局。因此,任何监管活动都应该仅限于发挥促进性和支持性的作用。

目　录

CONTENTS

Overseas Observation

I 政策解读

INVESTOR

《公司法》修改背景下未届期出资股权转让后的出资责任承担分歧与规则构建

杜伟杰*

摘　要：公司实行认缴制背景下，股东出资期限未届至即转让股权的情况在实践中大量发生。《中华人民共和国公司法》虽初步确立了认缴制的新格局，但是认缴出资期限未届至的股权在转让后的出资责任归属问题争议颇多，理论界中存在转让股东责任说、受让股东责任说、连带责任说、区分责任说等观点，司法裁判中存在受让股东单独承担责任、转让股东和受让股东承担连带责任、转让股东和受让股东承担补充责任、可选择向转让股东或受让股东主张出资责任等观点。本文结合公司法股权转让相关理论基础，明确以受让股东承担责任为原则，以转让股东与受让股东承担连带责任为特殊情形，以转让股东承担责任为例外的裁判规则，以期能够促进裁判尺度的统一。

关键词：未届期出资　股权转让　恶意

一、引　言

《中华人民共和国公司法》（以下简称《公司法》）于2013年修改后，公司开始实行认缴制。因出资期限交由股东自治，股东从自身利益考量，往往约定较长出资期限、较少首期出资。与此相应，股东出资期限未届至即转让股权的情况在实践中大量发生。《公司法》虽初步确立了认缴制的新格局，但并未触动长期以来以实缴制为规制模型的公司规则体系。① 后续立法及司法解释均未对与认缴制存在理念冲突的相

* 河南省平顶山市中级人民法院法官助理。

① 参见丁勇：《认缴制后公司法资本规则的革新》，载《法学研究》2018年第2期。

关法律进行修改。在理论界和实务界,认缴出资期限未届至的股权在转让后的出资责任归属问题争议颇多,存在法律适用混乱、"同案不同判"情况较为突出等问题。本文通过代表性案例引入,对中国裁判文书网中的案例进行检索分析,追根溯源剖析法律关系背后深层次逻辑,以期进一步明确未届期出资股权转让后的出资责任承担规则。

二、一则案例引发的思考

(一)基本案情

2020年6月30日,河南省宜阳县人民法院作出(2020)豫0327民初1037号民事判决书①,判决宜阳金龙新都汇商务服务有限公司(以下简称新都汇公司)于判决生效之日起30日内向原告张某某支付房屋托管收益117,240元,并支付自2019年5月1日起至实际返还房屋之日止按每月4885元计算的房屋占有费。新都汇公司不服判决,向洛阳市中级人民法院提出上诉。2020年9月10日,河南省洛阳市中级人民法院作出(2020)豫03民终5827号民事判决书,判决驳回上诉,维持原判。因新都汇公司未履行生效判决确定的义务,张某某申请强制执行。河南省宜阳县人民法院下发(2021)豫0327执异47号执行裁定书,裁定追加肖某某为被执行人。肖某某不服裁定起诉至法院。

另查明,新都汇公司成立于2013年4月22日,注册资本100万元(已实缴),原股东为乔某燕、王某某,二人出资比例分别为60%、40%。2015年1月26日,王某某将其在新都汇公司的全部股权以40万元的价格转让给肖某某。2015年2月2日,新都汇公司股东变更为乔某燕、肖某某,注册资本变更为1000万元,乔某燕、肖某某股权分别占比60%、40%。新都汇公司的公司章程规定出资为认缴制,出资期限为2020年12月31日前,乔某燕、肖某某分别认缴出资540万元、360万元。2020年7月1日,乔某燕、肖某某将在新都汇公司的全部股权转让给乔某轻,乔某轻的出资期限为2040年6月30日前。2021年7月5日,因被执行人新都汇公司无财产可供执行,河南省宜阳县人民法院作出(2021)豫0327执205号执行裁定书,裁定终结本次执行程序。

---

① 参见河南省宜阳县人民法院民事判决书,(2021)豫0327民初2673号。

（二）观点分歧

对于是否支持新都汇公司债权人张某某申请追加原股东肖某某为被执行人，合议庭存在以下不同观点：观点一认为，对于出资未届期的股权转让，双方对出资未届期都明知，未实缴出资已经从转让人转给受让人，且不违反法律强制性规定，应为有效。此时转让人不必再承担出资责任，所以不应追加原股东肖某某为被执行人。观点二认为，认缴责任是股东对公司承担的责任，股权转让是股权转让双方之间的法律关系，二者分属不同法律关系，转让股东的出资义务也不因股权转让而免除。所以，应追加肖某某为被执行人。

（三）引发思考

2013 年《公司法》修改，公司自此开始实行认缴制，股东出资期限未届至即转让股权的情况屡见不鲜。但是认缴制施行后并未对未届期出资股权转让后的出资责任承担方式进行明确，特别是对于当公司清偿不能时，股权转让人对债权人有无责任及责任类型，司法实务争议颇大，导致在司法裁判中“同案不同判”情况较为突出。因此，如何明确相应裁判规则成为目前司法实践中亟须解决的问题。

三、未届期出资股权转让后出资责任观点分歧

本文通过对中国裁判文书网中关于未届期出资股权转让后出资责任纠纷的 268 份裁判文书进行梳理，发现该类案件呈现上诉率高、改判率高、对抗性强、服判息诉率低的特点。同时通过对《公司法》修改以来的理论文章进行深入研读，发现未届期出资股权转让后出资责任无论是在理论层面还是在实践层面均存在分歧。

（一）理论观点分歧

1. 转让股东责任说

转让股东责任说认为，认缴责任是股东对公司承担的责任，股权转让是股权转让双方之间的法律关系，二者分属不同法律关系，股权转让不能处理作为第三人的公司债权，所以转让股东的出资义务也不因股权转让而免除。① 该说可进一步分为两类：（1）在受让方不知情的情形下，未届期出资义务由发起人承担；（2）在受让方知道或者应当知道的情形下，根据《最高人民法院关于适用〈中华人民共和国公司法〉若干

① 参见李志刚、李后龙等：《认缴资本制语境下的股权转让与出资责任》，载《人民司法（应用）》2017 年第 13 期。

问题的规定(三)》第 18 条第 1 款的规定,公司可以诉请发起人和受让方对未届期出资承担连带责任,公司债权人可以诉请发起人和受让方就公司债务不能清偿部分在未届期出资范围内承担补充责任。①

2. 受让股东责任说

受让股东责任说认为,出资未届期的股权转让属于合法转让,转让方享有期限利益,在届期之前并无出资义务。换言之,股东对公司欠缴的出资可以看成是对公司的债务,受让人受让股权则尚未实缴出资即债务就转让给了受让人,除非有明确证据证明转让人有逃避出资义务的恶意,否则转让人因债务转移不必再承担出资责任。②

3. 连带责任说

连带责任说认为,公司或者公司债权人可以请求转让人和受让人承担连带出资责任。公司债权人的权利类似于代位权,无论债权形成在股权转让之前还是之后,均在所不问。③

4. 区分责任说

区分责任说以债权形成于未届期出资股权转让的先后时间节点作为区分标准。若债权形成时股权尚未转让,且存在《最高人民法院关于适用〈中华人民共和国公司法〉若干问题的规定(三)》中规定的未履行或未全面履行出资义务的情形,债权人可以要求原股东在未出资本息范围内对公司不能清偿之债务承担补充赔偿责任。若债权在股权转让之后形成,则债权形成之时,公司的后期出资义务人已发生变更,此种变更也已通过工商登记备案等形式对外予以宣示,债权人对原股东并无继续出资的合理信赖,故不应当要求转让人再承担责任。④

(二)司法裁判分歧

1. 受让股东单独承担责任

在南通同辉汽车租赁有限公司与陆某明、胡某炜等股东出资纠纷案⑤中,江苏省南通市港闸区人民法院认为,现行法律并未作出认缴制股权转让方应当对受让方的

---

① 参见薛波:《论发起人转让出资未届期股权的规制路径——兼评〈公司法(修订草案)〉相关规定》,载《北方法学》2022 年第 2 期。

② 参见王建文:《再论股东未届期出资义务的履行》,载《法学》2017 年第 9 期。

③ 参见薛波:《论发起人转让出资未届期股权的规制路径——兼评〈公司法(修订草案)〉相关规定》,载《北方法学》2022 年第 2 期。

④ 参见李志刚、李后龙等:《认缴资本制语境下的股权转让与出资责任》,载《人民司法(应用)》2017 年第 13 期。

⑤ 参见江苏省南通市港闸区人民法院民事判决书,(2020)苏 0611 民初 191 号。

资本缴纳义务承担连带责任的规定,杭州同辉汽车租赁有限公司和胡某炜在转让所持南通同辉公司股权时,出资期限尚未届满,两被告依法并不负有缴纳认缴资本的义务。《最高人民法院关于适用〈中华人民共和国公司法〉若干问题的规定(三)》第 18 条第 1 款虽对未出资和未全面出资股权转让后的资本追缴责任作出了规定,但该规定系以出资期限已届满为前提,因此不能直接依据该款规定追究资本认缴制下未届期出资股权转让方的责任。最高人民法院也认为,在出资义务尚未到期的情况下转让股权,不属于出资期限届满而不履行出资义务的情形,不构成《最高人民法院关于适用〈中华人民共和国公司法〉若干问题的规定(三)》第 18 条第 1 款规定的"未履行或者未全面履行出资义务即转让股权"的情形。[①]

2. 转让股东与受让股东承担连带责任

其一,存在股权加速到期情形。比如在广东双拥网络科技有限公司与陈某、雷某贵、罗某贤、卢某芳追收未缴出资纠纷、股东出资纠纷案[②]中,广东省广州市海珠区人民法院认为,被告罗某贤与卢某芳作为发起人股东在公司设立时分别认缴出资,出资未届期即转让股权,但股东对公司的出资责任是法定之债,其出资义务不因股权转让而免除。被告陈某与雷某贵作为受让股东,在受让股权时应当查证该股权所对应的出资义务是否履行,故二人应当知道原股东即罗某贤与卢某芳未履行出资义务即转让股权,罗某贤与卢某芳应履行 150 万元的出资义务,陈某与雷某贵对此应承担连带清偿责任。其二,存在恶意转让股权行为。比如,在安徽合宇成网络科技有限公司(以下简称合宇成公司)与张某、陈某远、贾某、杨某虎股东出资纠纷案[③]中,安徽省高级人民法院认为,贾某转让股权时,合宇成公司尚未出现债务危机,可以认定贾某转让股权是正常的商业行为,没有通过转让股权逃避债务的嫌疑。故贾某将其出资义务一并转由陈某远承担未损害公司债权人利益,其不应对已转让股权的出资义务承担责任。陈某远作为合宇成公司的大股东,在公司资不抵债而有可能破产的情况下,将其股权及对应义务转让给杨某虎,明显具有逃避债务的故意,严重损害公司及债权人合法权益,不应免除其出资责任。因此,陈某远应对杨某虎的出资义务承担连带清偿责任。

① 参见最高人民法院民事裁定书,(2020)最高法民申 2285 号。

② 参见广东省广州市海珠区人民法院民事判决书,(2021)粤 0105 民初 4614 号。

③ 参见安徽省高级人民法院民事判决书,(2021)皖民终 427 号。

3. 转让股东与受让股东承担补充责任

在尹某、卢某雷、尹某军、巫某明与新疆新北商贸有限公司(以下简称新北公司)及原审第三人新疆展银投资(集团)有限公司(以下简称展银公司)追加被执行人执行异议之诉案①中,新疆维吾尔自治区高级人民法院认为,尹某雷、尹某军在未足额出资的情况下将股权转让给尹某,其仍应继续承担股东未足额出资的相应民事责任。故应追加展银公司的股东尹某、尹某雷、尹某军、巫某明为被执行人,在各自出资限额内承担补充责任。对于该案的补充责任,权利人新北公司只能就主责任人展银公司不能清偿的债务范围,要求尹某、尹某雷、尹某军、巫某明各自在未足额出资范围承担责任,故上述补充责任既不是按份责任,也不是连带责任。

4. 可选择向转让股东或受让股东主张出资责任

在梧州市桐丰混凝土有限公司(以下简称桐丰公司)、张某荣股东出资纠纷案②中,广西壮族自治区梧州市中级人民法院认为,股东向公司足额缴纳其认缴的出资额为股东应履行的义务,该项义务并不因为股东将其股权转让给他人而产生债务转移的法律后果。而且,根据《最高人民法院关于适用〈中华人民共和国公司法〉若干问题的规定(三)》第 18 条第 1 款规定,在股东未履行或者未全面履行出资义务即转让股权的情况下,公司请求其原股东(转让人)履行出资义务并不受其公司章程以及股权转让人与受让人之间的股权转让协议的内容所约束。因此,桐丰公司要求原股东张某荣承担补缴出资的义务于法有据。也就是说,法院认可债权人向原股东追缴出资。

四、未届期出资股权转让后出资责任承担的内在逻辑

(一)未届期出资股权转让应为合法有效

从未届期出资股权转让的效力看,我国《公司法》作出了股东应当足额缴纳所认缴的出资额等相关的规定,而股东未出资即转让股权的行为确实有违这些规定。但就所涉法律条款的属性而言,这些规定属于管理性规范,而非具有强制性要求的效力性规范,③不应属于《民法典》第 153 条规定的合同无效的情形,仅以出资瑕疵为由不

① 参见新疆维吾尔自治区高级人民法院民事判决书,(2022)新民终 30 号。

② 参见广西壮族自治区梧州市中级人民法院民事判决书,(2020)桂 04 民终 60 号。

③ 参见杜万华主编:《商事法律文件解读》(2016 年第 8 辑·总第 140 辑),人民法院出版社 2016 年版,第 61 ~ 62 页。

能当然否定瑕疵股权转让合同的效力。从司法实践中的判例来看，瑕疵出资股东的股权转让也得到了法院的认可。比如在曾某诉甘肃华慧能数字科技有限公司、冯某、冯某坤股权转让合同纠纷案中，最高人民法院认为，股东出资不实或者抽逃资金等瑕疵出资情形不影响股权的设立和享有。目标公司股权已经实际变更，股权受让人虽以终止合同提出抗辩，但并不符合法定合同解除条件，其依据股权转让之外的法律关系拒付股权转让价款缺乏法律依据。① 故股东资格取得的必要条件是对认缴出资之承诺，非出资义务之履行，未届出资期限股权具有可转让性。②

（二）未届期出资股权转让应符合债权人对债权的合理期待

公司一旦成立，即具有独立的人格，可以以自己之名义对外从事经营活动，出资人则以股东身份依照法定和章程规定的程序行使权利。此时，公司既是股东的投资客体，又是独立的主体。我国《公司法》将之前的实缴制改成认缴制，弱化了公司股东的出资义务，这就导致债权人要承担股东可能无法投入认缴资本的风险。但是从实践来看，股东是否实缴出资不是债权人衡量公司偿债能力的依据，即使股东实缴出资，也不能保证公司的价值在激烈的市场竞争中完全等同于注册资本，债权人更加关注的是股东是否具有履行出资义务的潜力。认缴制对应的是资产信用，在资产信用的语境中，债权人期待的公司资产不仅包括实缴的出资，还包括公司债权。这也意味着未届期出资股权转让时应考量受让股东是否具有实际出资的能力，即避免恶意转让，否则股东可以轻易地将自身股权转让给无出资能力的人而逃避即将到期的认缴资本。

（三）未届期出资股权转让后的责任承担观点辨析

从未届期出资股权转让后的责任承担看，《最高人民法院关于适用〈中华人民共和国公司法〉若干问题的规定（三）》制定时是以实缴制为基础，适用于瑕疵股权转让情形，而因出资期限未届至才未缴纳出资的情形，并不能完全套用到此后认缴制规则之中。首先，在股权转让后，转让股东已丧失了股东身份，股权转让后产生的纠纷并不能直接延伸到原股东身上。可见，转让股东责任说会让转让股东出资义务范围和担责方式无明显变化。这与其转让股权减免未届期出资义务之本意相悖，与立法精神不符，也不利于市场经济的正常发展。其次，受让股东责任说具有一定的合理性，只要股权转让进行了工商变更登记，即符合商事外观主义下的公示要求，债权人可向

① 参见最高人民法院民事判决书，(2019)最高法民终230号。

② 参见钱玉林：《股权转让行为的属性及其规范》，载《中国法学》2021年第1期。

受让股东主张权利。但该说将债务承担的原理完全套用在未届期出资股权转让上,对股权性质及公司法的组织法、团体法属性认识不足,亦忽视了发起人在公司设立中的特殊地位及其责任承担的特殊性。而且,司法实践中恶意转让的情形屡见不鲜,很难有充足的证据予以证明,债权的有效受偿无法得到保证。再次,连带责任说能给公司和公司债权人提供较周延的保护,但是在股权已经概括转让、工商登记已变更、转让人已失去股东资格的情形下,让转让人承担连带责任明显不符合法理。最后,区别责任说以债权成立时间的先后为基准,确实能够保证债权关系清晰。但是公司具有独立的法律人格,并以自己的财产对外承担责任,公司与股东是分别独立的主体,转让人是否承担责任与债权的形成时间无必然关联性,亦不能保障债权的平等性。

因此,上述观点各有优缺点,不能采取全面肯定或者全面否定的态度。本文建议,采用以受让股东承担责任为原则,以转让股东与受让股东承担连带责任为特殊情形,以转让股东承担责任为例外的思路加以解决。

五、未届期出资股权转让后出资责任承担规则构建

公司法规定股东的出资方式是认缴制。基于该制度,股东在公司存续期内以认购股权为限承担有限责任,且对出资期限享有法定的期限利益。就法理角度而言,现代有限责任公司、股份责任公司制度中,股东责任有限的特性要求股东对公司仅负有有限的出资义务,而不负有直接承担公司全部债务的义务。而股东对公司的出资义务不完全等同于债法上的债务。特别是在认缴制下,未足额缴纳认缴资本的相应股权上附着有未到期出资义务,其转让类似于债务的转让,若没有当事双方约定或者公司章程等明确规定,股权转让的确可以参照适用债法上的债务承担规则。转让全部未实缴出资股权的,若当事人无其他特别约定,则是股东资格的完全转移,出资责任随之概括转让,即受让股东承担原股东的债务,转让人则退出债权债务关系;转让部分未实缴出资股权的,如当事人无其他特别约定,则是股东资格的部分转移,转让人与受让人一同对公司承担出资义务,构成并列的债务承担。[①] 所以,股东转让股权时所认缴股权的出资期限尚未届满,不构成《最高人民法院关于适用〈中华人民共和国公司法〉若干问题的规定(三)》第 13 条第 2 款、第 18 条第 1 款规定的“未履行或者未

① 参见刘敏:《论未实缴出资股权转让后的出资责任》,载《法商研究》2019 年第 6 期。

全面履行出资义务即转让股权”的情形，不应对公司的债务承担责任。[①] 所以，股权转让后转让人不应再承担出资义务。但若转让人的转让行为明显存在恶意，则转让人应在其认缴出资范围内承担相应的出资义务；若股权转让无效或被撤销，则仍应由转让人承担出资责任。

（一）一般情形：受让股东承担责任

司法实践中，未届期出资股权转让后涉及公司债务承担纠纷时，一般应当由公司承担偿还责任，由受让股东承担出资范围内的补充偿还责任。受让股东承担责任的理由如下：一是基于合同的效力。股权转让双方基于自身真实意思表示签订股权转让协议并办理转让手续，受让股东获得相应股东权利，并承担转让股东对公司的出资义务。若公司以明示或默示方式允许出资义务转移，则除存在无效或可撤销事由之外，股权转让协议中关于出资义务履行责任的约定应予尊重。二是基于商事外观主义原则。股权转让后一般会进行股东名册变更，公司也会进行股东变更登记。转让人出局、受让人成为公司股东后，相应的权利外观也随之变更。故基于股东名册及商事登记的公示公信力，受让人就成为出资主体，公司外部债权人有理由相信受让人是公司股东，所以受让股东就应承担对债权人的补充赔偿责任。值得一提的是，即使债权人的债权形成于股权转让之前，但只要其主张股东对公司不能清偿债务承担补充责任的时间点在股权转让之后，也可以基于商事登记的公示公信力，要求受让股东承担补充责任。只是受让股东履行完出资或者补充义务后，可以向转让股东追偿。三是基于风险自担原则。受让股东作为理性经济人，知悉相关交易风险，应尽到审慎审查义务。而且，股东实缴出资已公示，应当推定受让股东明知或应知。根据合同相对性原则，转让合同无对外效应，不能对抗外部债权人。《中华人民共和国公司法（修订草案）》（以下简称《公司法（修订草案）》）第 88 条第 1 款对此进行了确认。

（二）特殊情形：转让股东与受让股东承担连带责任

若股东转让股权就绝对地将出资义务概括转移于受让股东，将难免发生受让股东因缺乏出资能力而难以保护债权人利益的情形，这明显不符合公司法的立法精神。为了平衡债权人与股东之间的利益，应当对特殊情形下的股权转让，明确由转让股东与受让股东承担连带责任，以保护债权人的合法利益。转让股东与受让股东是否应就出资义务承担连带责任，目前尚缺乏法律的明确规定，但在一些特殊情形下，责令

① 参见最高人民法院民事判决书，(2019)最高法民终 230 号。

其承担连带责任具有法理上的合理性。①

1. 股权转让之前存在股东出资加速到期情形的

股东出资加速到期主要有以下规定:一是依据《中华人民共和国企业破产法》(以下简称《企业破产法》)第 35 条的规定,在破产程序中股东出资加速到期;二是依据《最高人民法院关于适用〈中华人民共和国公司法〉若干问题的规定(二)》第 22 条的规定,在公司解散中股东出资加速到期;三是依据《最高人民法院关于民事执行中变更、追加当事人若干问题的规定》第 19 条以及《全国法院民商事审判工作会议纪要》第 6 条之规定,在企业"非破产"情形下,适用股东出资加速到期。股权转让之前就存在股东出资加速到期情形的,股权转让明显会影响债权人的信赖利益,因而在这种情形下,应由转让股东与受让股东在出资限额内承担连带责任。

值得一提的是,在实践中,对于"已具备破产原因,但不申请破产的"情形较难认定。根据《企业破产法》第 2 条以及《最高人民法院关于适用〈中华人民共和国企业破产法〉若干问题的规定(一)》第 1 条的规定,公司已具备破产原因是指符合以下两种情形之一:(1)公司不能清偿到期债务且公司资产不足以清偿全部债务;(2)公司不能清偿到期债务且公司明显缺乏清偿能力。

2. 转让股东恶意将未届期出资股权转让给明显缺乏认缴能力受让人的

《公司法(修订草案)》第 88 条第 2 款规定:"股东未按期足额缴纳出资或者作为出资的非货币财产的实际价额显著低于所认缴的出资额,即转让股权的,受让人知道或者应当知道存在上述情形的,在出资不足的范围内与该股东承担连带责任",但该款并非对未届期出资股权的规定。目前我国对恶意转让未届期出资股权的行为尚未有明确规定。有学者认为,只有转让股东与受让股东恶意串通进行未届期出资股权的转让,才能让二者承担连带责任。笔者认为该观点失之偏颇。在股权转让时,受让股东应对股权情况以及公司情况进行必要的了解,尽到一定的审慎义务。尽管转让股东是恶意转让,但是从商事外观看,受让人已在股权转让后成为公司股东,不能以其与转让股东之间存在纠纷为由拒绝出资或者对抗债权人,不过其可以在承担出资责任后向转让股东追偿。

第一,如何界定"恶意"。主观恶意或者故意比较难以证明,债权人作为外部人想要拿出证据证明达到排除合理怀疑几乎不可能。所以,笔者认为应从以下三个层面

① 参见王建文:《再论股东未届期出资义务的履行》,载《法学》2017 年第 9 期。

进行考量:一是股权转让前公司不能清偿到期债务。作为公司股东,一般而言可以对公司的正常经营情况以及相关财务情况进行了解,在股权转让前对这些情况的了解也可以有效地应用到股价的评定之中。所以,可以推定股东转让股权时知道或者应当知道公司的财务情况。当公司处于无法清偿债务的状态时,股东转让股权明显具有逃避债务的嫌疑。比如在南洋电缆(天津)有限公司诉高某卫、高某幸股东损害公司债权人利益责任纠纷案[①]中,赫高电气公司股东高某卫、高某幸与李某明签订股权转让协议发生在赫高电气公司应履行给付货款责任期间,且高某卫、高某幸并未提供证据证明李某明已经按照股权转让协议约定支付合理对价,所以应认定此股权转让行为存在明显恶意,且损害债权人的利益。二是转让前公司已催缴出资。催缴制度意在使公司督促股东履行出资义务,当公司进行催缴时,就意味着未届期出资已经部分或全部到期,在此情况下转让股份,具有恶意的可能性较大。三是举证责任采用过错推定。对于前两种股东转让股权具有恶意可能性的,为了平衡彼此的证明能力,可以采用过错推定的原则,由转让股东证明其股权转让的善意,法院也要根据股权转让协议的股价、是否实际履行、受让人的认缴能力等因素进行综合判断。若转让股东无法证明股权转让善意,则承担连带责任。

第二,如何界定"明显缺乏认缴能力"。受让人若为企业,可以参考2011年《最高人民法院关于适用〈中华人民共和国企业破产法〉若干问题的规定(一)》第4条[②]关于"明显缺乏清偿能力"的规定。受让人若为自然人,可以参照成都等地个人债务集中清理的相关指引认定。"债务人因下列原因导致不能清偿到期债务,并且资产不足以清偿全部债务或者明显缺乏清偿能力的,可以适用本指引。具体包括:(一)股东财产与破产法人企业财产混同的;(二)个人独资企业、合伙企业等非法人企业的投资者、合伙人为破产企业债务承担无限责任的;(三)为破产企业债务提供担保的;(四)因生活困难无力偿还债务的。"[③]

(三)例外情形:转让股东承担责任

未届期出资股权转让后出资责任的承担方式与股权转让合同是否合法有效存在

① 参见河南省洛阳市中级人民法院民事判决书,(2020)豫03民终7418号。

② 《最高人民法院关于适用〈中华人民共和国企业破产法〉若干问题的规定(一)》第4条规定:"债务人账面资产虽大于负债,但存在下列情形之一的,人民法院应当认定其明显缺乏清偿能力:(一)因资金严重不足或者财产不能变现等原因,无法清偿债务;(二)法定代表人下落不明且无其他人员负责管理财产,无法清偿债务;(三)经人民法院强制执行,无法清偿债务;(四)长期亏损且经营扭亏困难,无法清偿债务;(五)导致债务人丧失清偿能力的其他情形。

③ 参见《成都市中级人民法院关于个人债务集中清理的操作指引(试行)》。

密切关联——若股权转让合同无效或被撤销,则股权回到未被转让之前的初始状态,转让股东应承担出资责任。不过,在撤销权行使之前,公司对外展示的股东依然是受让人,所以,出资责任仍应由受让股东承担。在受让股东承担对公司的出资责任后,可以向转让股东追偿。

六、对案例的延伸分析

对于未届出资期限即转让股权的行为,法律并未作出禁止性规定,但应以合法、善意为前提。如果股东在明知公司对外负债且无力清偿的情况下恶意转让未届期出资股权给明确缺乏认缴能力的受让人,其行为将增加公司注册资本实缴到位的风险、损害债权人利益,不应得到法律保护。在上文案例中,新都汇公司债权人张某某申请追加原股东肖某某为被执行人,应予以支持,理由如下。

(一)肖某某将股权转让给乔某轻的行为属于恶意转让未届期出资股权给明显缺乏认缴能力的受让人,侵害了公司债权人的信赖利益

其一,从股权转让时间来看,肖某某向乔某轻转让股权之前已有张某某、李某国、李某娜、谢某晓、宋某佳等多位债权人起诉要求新都汇公司偿还债务,河南省宜阳县人民法院也于 2020 年 6 月 30 日作出了一审判决。肖某某向乔某轻转让股权的时间为 2020 年 7 月 1 日,正处于诉讼期间。作为新都汇公司的股东及经营者,肖某某对新都汇公司的资产、负债情况以及偿债能力应属明知,其在诉讼期间转让股权,不应认定为善意。其二,从股权转让过程来看,肖某某的认缴出资额为 360 万元,实缴出资为 40 万元,其转让股权给乔某轻是无偿转让,这并非符合市场规律的正常交易。其三,从股权受让人情况来看,在 2020 年 7 月 1 日新都汇公司仅有的两名股东乔某燕、肖某某均向乔某轻转移了全部股权,乔某轻当时已年满 66 周岁,且现有证据不能证明乔某轻有实缴出资的财务能力。综上所述,债权人张某某申请追加肖某某为被执行人,应予以支持,但应在未出资的 360 万元范围内承担责任。

(二)肖某某股权转让时延长出资期限的行为符合股权出资加速到期的规定

根据《全国法院民商事审判工作会议纪要》第 6 条的规定:“在注册资本认缴制下,股东依法享有期限利益。债权人以公司不能清偿到期债务为由,请求未届出资期限的股东在未出资范围内对公司不能清偿的债务承担补充赔偿责任的,人民法院不予支持。但是,下列情形除外:(1)公司作为被执行人的案件,人民法院穷尽执行措施

无财产可供执行,已具备破产原因,但不申请破产的;(2)在公司债务产生后,公司股东(大)会决议或以其他方式延长股东出资期限的。”在本案中,原股东乔某燕、肖某某的出资期限为2020年12月31日前,但乔某燕、肖某某在2020年7月1日将在新都汇公司的全部股权转让给乔某轻时,修改的出资期限为2040年6月30日前。2020年7月1日债务已经形成且处于诉讼期间,当事人在公司章程规定的出资期限临近届满时不仅未缴纳出资,反而大幅延长出资期限,在无证据证明公司当时具有债务清偿能力的情况下,上述行为客观上对债权人债权的实现产生了不利影响,应符合《全国法院民商事审判工作会议纪要》第6条股权出资加速到期的规定。这一宽限公司股东自身相关义务及加大债权人潜在风险的修改,不足以对抗债权人对债务人原章程产生的合理信赖。

(三)肖某某的股权转让行为符合申请追加其为被执行人的相关规定

《最高人民法院关于民事执行中变更、追加当事人若干问题的规定》第19条规定:“作为被执行人的公司,财产不足以清偿生效法律文书确定的债务,其股东未依法履行出资义务即转让股权,申请执行人申请变更、追加该原股东或依公司法规定对该出资承担连带责任的发起人为被执行人,在未依法出资的范围内承担责任的,人民法院应予支持。”本案中,肖某某在将股权转让给乔某轻之前,法院已经作出一审裁判,判决新都汇公司承担清偿责任。根据法院判决支持张某某、李某国、李某娜、谢某晓、宋某佳等债权人的债权金额①可以看出,当时新都汇公司明显处于资不抵债的状况。2021年7月5日,因新都汇公司无财产可供执行,法院作出(2021)豫0327执207号执行裁定书,裁定终结本次执行程序也可以印证这一点。所以,肖某某的股权转让行为明显符合《最高人民法院关于民事执行中变更、追加当事人若干问题的规定》第19条的规定,申请执行人申请追加未依法履行出资义务即转让股权的原股东肖某某在未出资(360万元)的范围内承担责任的,法院应予以支持。

七、结　语

对于未届出资期限即转让股权的行为,法律并未作出禁止性规定,但应以合法、

① 参见河南省宜阳县人民法院民事判决书,(2020)豫0327民初1033号;河南省宜阳县人民法院民事判决书,(2020)豫0327民初1034号;河南省宜阳县人民法院民事判决书,(2020)豫0327民初1035号;河南省宜阳县人民法院民事判决书,(2020)豫0327民初1036号;河南省宜阳县人民法院民事判决书,(2020)豫0327民初1037号。

善意为前提。对未届期出资股权转让后的出资责任承担问题,在《公司法》修改时,应结合认缴制尽快明确,以便规范市场行为,优化法治化营商环境,促进社会经济高质量发展。

I 理论探究
INVESTOR

招股说明书引入仲裁条款的可行性研究

——以投资者保护为中心

杨　浛*

摘　要:在招股说明书中引入仲裁条款,以便将证券侵权民事赔偿纠纷提交仲裁解决,主要面临着是否存在基于合意的有效仲裁协议、是否违反法律强制性规范以及是否符合投资者保护的公共利益目标等问题。通过分析国内外理论及监管实践并结合中国资本市场实际情况,本文提出通过招股说明书仲裁条款引入仲裁机制是完善我国资本市场纠纷多元化解机制和保护投资者合法权益值得探索的方向。

关键词:招股说明书仲裁条款　纠纷多元化解机制　中小投资者保护

一、前　　言

近年来,随着我国资本市场的持续发展以及注册制改革的逐步落地,证券期货纠纷日益增多,呈现案情复杂、专业性强、主体众多、行业特点明显、解决难度大等特征。我国资本市场以个人投资者为主,机构投资者占比较低,证券期货民事赔偿纠纷通常还具有涉案金额巨大、当事人请求事项较为集中、涉及众多投资者合法权益的保护甚至资本市场秩序的平稳运行等特征。仲裁作为一种法定的商事纠纷解决机制,具有专业性强、程序灵活、经济高效、注重保密性、一裁终局并可依法强制执行等优势,符合证券期货纠纷解决的特点和行业发展的需要,是进一步完善证券期货矛盾多元化解机制,切实维护投资者,特别是中小投资者的合法权益,并最终促进注册制改革顺利推进和市场健康发展的重要机制之一。

---

* 巴黎大学金融法学博士,资本市场学院管理学博士后。本文写作受到在中国(深圳)证券仲裁中心学习交流期间工作的启发,本文为个人观点,不代表该中心立场。

证券期货民事赔偿纠纷分为合同纠纷和侵权纠纷。仲裁机构受理仲裁案件的前提是纠纷双方合意达成有效的仲裁协议(既可以在争议发生前达成,也可以在争议发生后达成)[①],和违约行为引起的证券期货民事赔偿纠纷不同,在证券期货侵权纠纷中,发行人及其董监高、控股股东、实际控制人等不可能在事前与众多不断变化的外部投资者逐一签订仲裁协议,双方在争议产生后则难以达成仲裁协议。对此,一种可能的解决方法是将仲裁条款载入招股说明书,即纠纷双方合意达成有效的争议前仲裁协议,从而对投资者与发行人及其董监高、控股股东与实际控制人等产生约束力。[②]

在招股说明书中引入仲裁条款,将投资者与发行人及其董监高、控股股东、实际控制人等之间产生的争议交由仲裁裁决,会带来如下理论与实践问题:一是此等条款是否为基于合意的有效仲裁协议?二是此等条款是否违反相关法律法规的强制性规定,并有悖于公共政策之目的?本文围绕以上问题,介绍并分析国内外相关理论与监管实践,在此基础上结合我国资本市场实际情况,讨论招股说明书引入仲裁条款的可能性与障碍,并简析优化应用的实现路径。目前,我国仲裁实务领域对此问题表现出较大的兴趣与关注,但是,搜索国内几大学术文库,对此进行专门研究的文献却基本付之阙如,本文的目的,即在于初步分析与回答上述问题。

二、招股说明书仲裁条款是否为基于合意的有效仲裁协议

招股说明书是发行人首次公开发行的核心信息披露文件,是注册制下股票发行阶段信息披露的主要载体,是投资者了解发行人并作出价值判断和投资决策的基本依据,是企业发行上市过程中最核心、最重要的法律文件。我国资本市场以个人投资者为主,机构投资者占比较低。在成熟资本市场,机构投资者交易量达 70% 以上,以深市 A 股为例,截至 2018 年年底,深市个人投资者交易金额占比为 82% ,机构投资者占比仅为 9.6% 。[③] 中小投资者普遍存在投资专业知识水平不高、风险意识不强及承受能力较弱等特点,对招股说明书内容不了解也不关心,如果发行人直接将仲裁条款

---

① 《中华人民共和国仲裁法》第 16 条规定:“仲裁协议包括合同中订立的仲裁条款和以其他书面方式在纠纷发生前或者纠纷发生后达成的请求仲裁的协议。”

② 因本文讨论主题为在招股说明书中引入仲裁条款的可行性,因此,研究范围限定于证券民事纠纷,期货民事纠纷暂不在本文讨论范围内。

③ 参见殷明明、梁玮佳、许言:《IPO 招股说明书优化研究:基于美股、港股和 A 股的抽样分析》,载《深思 · 专报》2021 年第 3 期。

加入招股说明书，投资者是否只能处于被动接受的地位，关系到此类条款事实上是否能对投资者形成强制性约束。鉴于此，当投资者不知悉或反对仲裁条款时，或者仲裁条款被发行人单方加入招股说明书时，双方合意是否存在？此时的招股说明书仲裁条款是否为有效仲裁协议？

（一）招股说明书性质

招股说明书兼具法律文件和销售文件双重属性。首先，《中华人民共和国民法典》（以下简称《民法典》）和《中华人民共和国证券法》（以下简称《证券法》）共同明确其法律文件的性质。《民法典》第 473 条以列举的方式明确其要约邀请的性质，在投资者成功认购发行的股票后，其内容便构成发行合同的事实陈述和保证部分。《证券法》第 19 条规定："发行人报送的证券发行申请文件，应当充分披露投资者作出价值判断和投资决策所必需的信息，内容应当真实、准确、完整。"注册制以信息披露为核心，招股说明书更是发行人首次公开发行时披露的重要书面文件。[①] 其次，招股说明书内容涵盖公司的历史沿革、股权结构、经营计划、业务和行业信息、财务信息、管理层讨论与分析、募投项目、风险因素、发行的相关信息等，是公开发行股票时可以最全面反映发行人信息的文件。在注册制实务操作中，股票定价、发行结果与招股说明书披露的公司主营业务、商业模式、发展前景、风险因素等内容都息息相关，因此，招股说明书又具有销售文件的性质。[②]

（二）招股说明书仲裁条款性质

仲裁条款是否成立，主要是指当事人双方是否有将争议提交仲裁的合意，即是否达成了仲裁协议。要约邀请是希望他人向自己发出要约的意思表示，适用《民法典》关于要约、承诺的规定，即经过要约和承诺两个阶段合同即告成立并生效。招股说明书被公告后（要约邀请），投资者发出认购股份的要约，发行人接受要约（承诺），认购成功发行人与投资者间合同即告成立并生效，因此，招股说明书中的仲裁条款也成为有效的仲裁协议。这种情形类似于美国证券行业会员与公众投资者的争议前仲裁协

---

① 《公开发行证券的公司信息披露内容与格式准则第 1 号——招股说明书（2015 年修订）》第 2 条规定："申请在中华人民共和国境内首次公开发行股票并上市的公司（以下简称发行人）应按本准则编制招股说明书及其摘要，作为向中国证券监督管理委员会（以下简称中国证监会）申请首次公开发行股票的必备法律文件，并按规定披露。"

② 参见杨洽：《注册制下以投资者为导向的信息披露——招股说明书信息披露有效性研究》，资本市场学院 2022 年博士后课题，第 5 页。

议中双向自愿约束的格式化客户合同中的仲裁条款。[①]

同时,招股说明书又是法定的信息披露文件,必须真实、准确、完整地披露法律法规要求的投资者作出价值判断和投资决策所必需的信息。发行人的首次发行上市申请经有关部门批准后,刊登的招股说明书即具有法律约束力,发行人和投资者认购股份相关的一切行为,除应遵守国家有关法律法规外,还应遵守招股说明书中的有关规定和承诺。如果招股说明书中引入了仲裁条款,发行人须受该条款的约束。该情形类似于《民法典》第 480 条规定的一方以实际行为作出承诺,接受另一方书面合同要约,即发行人作出同意仲裁的书面承诺类似于发出了仲裁要约,投资者如果直接向仲裁机构申请仲裁,相当于用实际行为接受了仲裁要约,这可视为当事人间达成合意形成了有效的仲裁协议。这种情形类似于美国证券行业会员与公众投资者的争议前仲裁协议中单向强制约束的"合成仲裁协议"。[②]

(三)招股说明书仲裁条款是否是基于合意的有效仲裁协议

从招股说明书作为要约邀请的角度来看,招股说明书中的仲裁条款包含在处于强势谈判地位的发行人所提供的格式化合同之中,因此从投资者角度来说是否存在"缺乏合意"或者"未曾过目",以及"霸王合同"(Contracts of adhesion)或者"显失公平"(Unconscionability)等问题?关于仲裁合意的问题,美国法院一般只限于查问"是否存在从整体而言的客观性协议"(objective agreement with regard to the entire contract),而非"是否存在针对合同中每一个条款的主观性协议"(subjective agreement as to each clause in the contract)。在 Wehe v. Montgomery 案中,法院认为,"被告不可能在主观上知道原告对于有效合同中的每个条款是否具有必要的合意"。关于"过目"的问题,如果当事人以"未曾过目"提出抗辩,法院一般会指出:"如果不能证明经纪公司欺诈或者客户存在精神障碍,当事人不能以其没有阅读所签署的内容为由回避合同的责任。"在 Gimore v. Shearson/American Express, Inc. 案中,法院指出"一个具有平常理解能力的人,需要受其签署协议的条款之约束,无论他是否已经看过这些条款"。以"霸王合同"作为抗辩理由在联邦法院也几乎不可能得到支

---

① 以订立时间为标准,美国证券仲裁协议在大体上可分为争议前仲裁协议和争议后仲裁协议。以订立主体为标准,争议前仲裁协议又分为行业内的争议前仲裁协议和证券行业会员与公众投资者的争议前仲裁协议两种。证券行业会员与公众投资者的争议前仲裁协议也分为两种:一是客户争议的单向强制约束的"合成仲裁协议",二是客户争议的双向自愿约束的格式化客户合同中的仲裁条款。参见刘晓春:《证券仲裁的制度分析——美国的经验与中国的选择》,北京大学 2011 年博士学位论文,第 52 ~ 62 页。

② 同上。

持,除非异议方能够指证存在“不公平、不适当的压力或者显失公平”(unfaireness, undue oppression, or unconscionability)。[①]

从招股说明书作为法定信息披露文件的角度来看,首先,在招股说明书中引入仲裁条款视为发行人发出书面仲裁承诺,如果投资者向仲裁机构申请仲裁,视为当事人间达成合意形成了有效的仲裁协议。在美国证券行业会员与公众投资者的争议前“合成仲裁协议”中,如果投资者提出仲裁申请,证券经纪公司及其关联人员必须参加仲裁,反之则不然,该安排体现了自律组织对其会员的自律约束及对投资者的倾斜性保护。其次,招股说明书应当充分披露包括在公司章程(草案)中的、投资者赖以作出价值判断和投资决策所必需的信息。公司章程(草案)是发行人提前制定并且经股东大会审议通过的,待公司上市后便立即生效的公司章程。笔者在研究中发现,国外实践中基本同时在招股说明书和公司章程中共同引入仲裁条款。那么,章程仲裁条款是否为达成合意的有效仲裁协议呢?在 2014 年 Katz v. CommonWealth REIT 案中,美国马里兰州法院认为股东购买股份即表明其同意了一项契约框架,意味着其对于章程仲裁条款的有效性及所购股份受该条款约束具有推定知悉(Constructive knowledge)。因此,法院认定双方就此章程仲裁条款已达成合意。[②] 德国联邦最高法院在 1996 年 GmbH 案中也认为,一家公司受其章程规定的仲裁条款约束,尽管它没有作为一方参与公司章程的制定。[③] 以上案例体现了“仲裁条款之双方合意并不建立在对于公司章程中仲裁条款个别字句的认识与承诺,而是广泛地建立在对于公司章程运作框架的整体认识与承诺”[④]。

三、招股说明书仲裁条款是否违反法律法规强制性规定及公共政策目标

接下来本文将继续讨论招股说明书仲裁条款是否违反《中华人民共和国仲裁法》(以下简称《仲裁法》)、《证券法》、《中华人民共和国公司法》(以下简称《公司法》)的相关强制性规定;同时,是否符合国家以投资者特别是中小投资者保护为中心的公共

---

① 参见刘晓春:《证券仲裁的制度分析——美国的经验与中国的选择》,北京大学 2011 年博士学位论文,第 64~66 页。

② Katz et al. v. CommonWealth REIT et al., Case No. 24-C-13-001299 (Md. Cir. Ct. 2014), p. 19-29.

③ BGH, decision of 29 March 1996, docket no. II ZR 224/95, NJW 1996, 1753.

④ 陈伯翰:《不动产投资信托章程记载仲裁条款效力之研究——美国 Katz v. CommonWealth REIT 案的启示》,载《仲裁季刊》2014 年第 7 期。

利益目标。

(一)仲裁法视角:证券民事赔偿纠纷是否属于仲裁法规定的可仲裁范围

证券市场民事赔偿纠纷主要包括不平等主体间(如投资者和监管机构)和平等主体间(如投资者、发行人和中介机构)的证券纠纷。《仲裁法》第 2 条规定:"平等主体的公民、法人和其他组织之间发生的合同纠纷和其他财产权益纠纷,可以仲裁"。[①]证券市场上平等主体间的纠纷包括民事合同纠纷和侵权纠纷,[②]都具有可仲裁性。本文主要讨论平等主体间的侵权纠纷。

(二)证券法视角:证券欺诈纠纷的可仲裁性

2021 年 7 月,中共中央办公厅、国务院办公厅印发《关于依法从严打击证券违法活动的意见》,明确提出"开展证券行业仲裁制度试点"的任务要求,首次对证券行业仲裁制度作出顶层设计。2021 年 10 月 15 日,中国证券监督管理委员会(以下简称证监会)、中华人民共和国司法部联合发布了《关于依法开展证券期货行业仲裁试点的意见》(以下简称《证券期货试点意见》),要求"建立专门的证券期货仲裁院(中心),制定符合证券期货行业特点的仲裁规则,提升仲裁从业人员的证券期货专业水平",以完善证券期货纠纷多元化解机制,有效保护资本市场投资者的合法权益,维护证券期货行业健康发展。《证券期货试点意见》明确规定证券期货仲裁院(中心)的仲裁范围包括:"证券期货市场平等主体之间产生的财产性权利受到侵害引起的民事赔偿纠纷。其中,证券期货侵权行为引起的财产权益纠纷包括违反证券期货法律、行政法规、规章和规范性文件、自律规则规定的义务引起的虚假陈述民事赔偿纠纷,以及市场主体从事操纵市场、内幕交易、损害客户利益等行为引起的民事赔偿纠纷"。《证券期货试点意见》正式颁布时,其中涉及 1993 年《证券法(草案)》中有关证券纠纷仲裁制度的条文被删除,2019 年修订的《证券法》也未从法律位阶上对证券纠纷仲裁制度予以明确,以致有关证券仲裁的法规和规章的制定缺少上位立法的依据。

(三)公司法视角:证券欺诈纠纷是否属于公司内部事务

公司法纠纷,又称"公司内部事务纠纷",是指公司、股东、董监高等公司内部主体之间因公司法律关系发生的纠纷。以美国为代表的一些法域,也把证券法上因上市公司或者其他公众公司欺诈发行、虚假陈述引发的投资者民事侵权赔偿纠纷纳入公

---

① 2021 年 7 月 30 日公开的《中华人民共和国仲裁法(修订)》(征求意见稿)第 2 条规定:"自然人、法人和其他组织之间发生的合同纠纷和其他财产权益纠纷,可以仲裁。"征求意见稿删除了"平等主体"的限定,即修改了可仲裁纠纷的主体要求。相较现行《仲裁法》,征求意见稿允许仲裁的范围已不限于平等主体之间的纠纷。

② 因侵权行为引起的财产权益纠纷属于"其他财产权益纠纷"。

司法争议的范围。斯坦福大学 Joseph A. Grundfest 教授认为,股票交易行为开启或终结了公司与股东的权利义务关系,与一般的侵权或违约行为有本质区别,应当属于"公司治理内部事务"。①

(四)公共政策视角:是否符合投资者保护的公共利益目标

仲裁在解决资本市场纠纷时拥有众多优势,但也有其局限之处。如仲裁保密性原则就是把"双刃剑"(详见下文分析),保密性对于发行人而言具有优势,但它同时也将使许多有意义的纠纷无法公之于众,媒体无法对上市公司进行有效监督,便也无法对投资者和市场形成正向反馈。作为公众公司的上市公司,在招股说明书中引入仲裁条款需要考虑是否符合公众投资者利益的公共政策目标,否则最终损害的将是我国资本市场的整体竞争力。注册制需要"有为的政府和有效的市场",把选择权交给市场即意味着证券监管部门对证券发行上市的事前实质性把关将趋于减少,投资者面临的事后纠纷可能增加,正是依托资本市场的迫切需求,在《证券期货试点意见》出台半个月后,深圳证券交易所与深圳国际仲裁院联合设立的全国首个证券仲裁中心——中国(深圳)证券仲裁中心率先启动证券行业仲裁试点。仲裁作为完善多层次证券纠纷解决机制的必要组成部分,有利于实现维护投资者特别是中小投资者合法权益并最终实现市场稳定健康发展的目标。

四、我国招股说明书引入仲裁条款的可行性分析

基于上文分析,本节将继续讨论招股说明书中引入仲裁条款在我国实践中可能遇到的问题及由此带来的思考。第一,证券民事赔偿纠纷仲裁是否突破了或者是否应该突破《仲裁法》所要求的保密原则?第二,在二级市场中,投资者与发行人证券争议提交仲裁的依据。第三,如何处理因证券侵权纠纷投资者众多而产生的平行案件问题。

(一)保密原则与证券纠纷仲裁

《仲裁法》第 40 条规定:"仲裁不公开进行。当事人协议公开的,可以公开进行,但涉及国家秘密的除外。"仲裁保密的范围包括仲裁案件的全部实体和程序有关情况。保密义务是当事人在仲裁程序中以及仲裁程序结束后始终要履行的法定义务。

---

① Grundfest J. A., *The Limits of Delaware Corporate Law: Internal Affairs, Federal Forum Provisions, and Sciabacucchi*, Rock Centre for Corporate Governance Working Paper Series No. 241, 2019.

但保密原则在实践中具有例外性,在案件中的具体适用会受到相关法律法规限制。根据证券法律法规规定,招股说明书,上市公司季度报告、中期报告、年报、临时报告中需要披露涉及公司的重大仲裁,说明事件的起因、目前的状态和(可能)产生的法律后果。仲裁保密范围包括案件实体和程序全流程的不公开,笔者认为,上述信息披露中的公开披露并不意味着与仲裁法原则的冲突,且证券法律法规仅要求"重大""有较大影响"仲裁信息的披露义务①,对尊重当事人的意思自治原则仍然具有重要的意义。

保密性是一把"双刃剑",一方面,对于上市公司而言,相对于完全公开的诉讼,保密性有助于保护上市公司商业秘密和声誉,避免因为媒体的过度报道等引发股价异常波动;另一方面,结合我国资本市场实际情况,对"少额多数"的个人投资者而言,由于仲裁固有的保密性等特征,仲裁领域很难引入合并仲裁或集团仲裁等机制,而散户投资者对仲裁特有的保密性可能也并不十分看重。因此,探讨如何在法律规范框架内平衡双方利益关系并使之符合投资者保护的公共利益目标应是该问题的核心(详见本文平行案件部分分析)。

(二)招股说明书仲裁条款与二级市场投资者

证券民事纠纷既包括证券发行市场产生的民事纠纷,也包括证券交易市场产生的民事纠纷,即涵盖一、二级证券市场行为。证券市场是流动的市场,股票发行上市后即进入二级市场进行交易。如果说招股说明书引入仲裁条款在发行人与一级市场投资者之间达成了仲裁合意,那么发行人与二级市场投资者之间是否具有有效的仲裁协议?

从招股说明书作为要约邀请的角度来看,仲裁协议具有独立性(the separability doctrine),仲裁协议的效力与主合同的效力相互独立。含有仲裁条款的合同无效或其状态发生变化,不影响其中仲裁条款的效力。其基本理论依据是当事人意思自治原则。仲裁条款独立原则已成为现代国际商事仲裁立法与实践普遍接受的具有法律约束力的原则。我国《仲裁法》第 19 条规定:"仲裁协议独立存在,合同的变更、解除、终止或者无效,不影响仲裁协议的效力。仲裁庭有权确认合同的效力。"《最高人民法院关于适用〈中华人民共和国仲裁法〉若干问题的解释》第 10 条规定:"合同成立后

---

① 《深圳证券交易所创业板股票上市规则(2020 年 12 月修订)》第 8.6.3 条规定:"上市公司发生的重大诉讼、仲裁事项属于下列情形之一的,应当及时披露相关情况:(一)涉案金额占公司最近一期经审计净资产绝对值 10% 以上,且绝对金额超过 1000 万元的;……上市公司发生的重大诉讼、仲裁事项应当采取连续十二个月累计计算的原则,经累计计算达到前款标准的,适用前款规定。已经按照上述规定履行披露义务的,不再纳入累计计算范围。"

未生效或者被撤销的，仲裁协议效力的认定适用仲裁法第十九条第一款的规定。当事人在订立合同时就争议达成仲裁协议的，合同未成立不影响仲裁协议的效力。”《深圳国际仲裁院仲裁规则》在结合以上规定的基础上作了补充规定，即合同的成立与否、失效、中止、转让或不能履行，均不影响仲裁协议的效力。[①] 因此，二级市场投资者也将受到招股说明书仲裁条款的约束。

从招股说明书作为法定信息披露文件的角度来看，如上文所述，发行人的首次发行上市申请经有关部门批准后，刊登的招股说明书即具有法律约束力，发行人和投资者认购股份相关的一切行为，都应遵守招股说明书中的有关规定和承诺。如果公司章程（草案）中引入了仲裁条款，招股说明书须予以披露，公司上市后二级市场投资者将同时受到招股说明书、公司章程仲裁条款的约束。荷兰皇家壳牌公司在伦敦证券交易所和泛欧阿姆斯特丹证券交易所主板上市并通过发行美国存托凭证（ADR）在美国证券市场上市，其招股说明书及公司章程即载有将证券纠纷提交仲裁的条款。美国、德国法院的判决深受公司契约理论（Contractarian theory）影响，倾向于认可章程仲裁条款的契约效力，公司章程仲裁条款对公司股东具有约束力。公司契约主义理论认为，公司被视为一种“合同集束”（Nexus of contract），章程只不过是规范股东与公司及其董事、高管之间权利义务的一份契约，而契约当事方可以自由约定争议解决方式，即便此条款由董事会单方采用而未经股东表决。[②]

（三）平行案件与大规模群体性证券纠纷

仲裁裁决仅在当事人间具有约束力，相关争议可能不会集中在同一次仲裁中解决，特别是证券欺诈等大规模集体纠纷因其人数众多，可能会产生不同仲裁裁决之间相互冲突的风险。是否可以比照集体诉讼、合并诉讼和示范判决，在证券民事赔偿纠纷仲裁中引入集体仲裁、合并仲裁及示范裁决机制来解决该问题？

如上文所述，仲裁具有保密性，如何在集体仲裁、合并仲裁机制中对众多的投资者发出权利公告等问题仍需探讨。笔者认为，根据仲裁充分尊重当事人意思自治原则，在双方当事人同意将案件情况公开时，发行人在达到证券相关法律法规要求的信

---

① 《深圳国际仲裁院仲裁规则》第 9 条规定：“仲裁协议的独立性：合同中的仲裁条款或附属于合同的仲裁协议相对于合同独立存在。合同的成立与否、未生效、无效、失效、被撤销、变更、解除、中止、终止、转让或不能履行，均不影响仲裁协议的效力。”

② 参见赵轶君：《上市公司章程引入仲裁条款的美国实践与本土进路》，载《证券市场导报》2020 年第 7 期。

息披露标准向社会公开了案件相关信息时,[①]以及赔付主体承诺启动先行赔付、行政和解等机制时,可以由相关机构发出权利登记公告。

关于示范裁决机制问题,上海金融法院[②]与深圳市中级人民法院[③]已先后出台了示范判决规则,以推动大规模群体性纠纷快速、简化处理。如深圳市中级人民法院采用"示范判决+调解"(优先)、"示范判决+不开庭审理"(原则)和"示范判决+开庭审理"(例外)三种简化方式,实现纠纷批量化解,提高群体性证券纠纷审判效率。如何处理仲裁中保密原则与示范裁决冲突问题,德国联邦最高法院认为,当事人可以就仲裁裁决的普遍适用效力达成协议,没有必要由立法机构对此制定具体的立法框架。[④] 笔者认为,基于投资者保护的公共利益目标,一是可以考虑给予投资者选择权,由投资者来决定是否同意公开裁决书,作为投资者的相对方不得反对;二是可以强制公开所有裁决书的内容,由此对发行人及中介机构形成自律监督,并解决示范裁决问题。当然,在仲裁中采取示范裁决机制,就要求作出示范的裁决必须完全客观和公平,具有普遍适用的效力。

五、优化招股说明书仲裁条款在我国应用的路径

随着我国注册制改革的逐步推进,目前,从科创板到创业板再到全市场的"三步走"布局已完成从增量市场到存量市场的改革,即将平稳推进全面注册制改革。注册制的基本内涵是处理好政府与市场的关系,真正把选择权交给市场,最大限度地减少不必要的行政干预。这意味着证券监管部门对证券发行上市的事前实质性把关将逐渐减少,投资者面临的事后纠纷将趋于增加,但有限且不均衡的司法资源将无法满足大量涌入的案件,市场需求是证券期货仲裁院(中心)诞生的重要原因之一。仲裁相较于诉讼具有专业性强、程序灵活、高效便捷、保密性强等优势,这表明仲裁有潜力在注册制下成为证券民事纠纷领域具有吸引力的替代性争议解决方式。因此,本文对优化招股说明书仲裁条款在我国应用的路径提出如下建议。

---

① 《深圳证券交易所创业板股票上市规则(2020年12月修订)》第8.6.3条第3款规定:"上市公司应当及时披露重大诉讼、仲裁事项的重大进展情况及其对公司的影响,包括但不限于诉讼案件的一审和二审判决结果、仲裁裁决结果以及判决、裁决执行情况等。"

② 《上海金融法院关于证券纠纷示范判决机制的规定》,2022年1月11日实施。

③ 《深圳市中级人民法院关于依法化解群体性证券侵权民事纠纷的程序指引(试行)》,2020年4月20日印发。

④ 参见张子学:《公司法纠纷可仲裁性初步研究》,载《中国政法大学学报》2019年第4期。

（一）设计示范仲裁条款

证券监管机构、证券交易所、仲裁机构可以尝试制定示范招股说明书仲裁条款供发行人自主选用，从而尽可能发挥仲裁制度优势，防范发行人滥用该条款阻碍处于弱势地位的中小投资者维护其合法权益。本文以荷兰皇家壳牌公司在伦敦证券交易所和泛欧阿姆斯特丹证券交易所主板上市的招股说明书仲裁条款为例进行研究，以期对设计示范仲裁条款提出建议。

荷兰皇家壳牌公司在伦敦证券交易所和泛欧阿姆斯特丹证券交易所主板上市的招股说明书第7.2仲裁和管辖权①中规定了所有争议：

所有争议：

——荷兰皇家壳牌股份持有人以其身份与荷兰皇家壳牌或荷兰皇家壳牌的任何附属公司或荷兰皇家壳牌或其附属公司的任何董事或前董事之间因荷兰皇家壳牌章程或其他事项而产生的或与之有关的；及在法律允许的最大范围内，荷兰皇家壳牌或荷兰皇家壳牌的任何附属公司与荷兰皇家壳牌或其附属公司的任何董事或前任董事之间，包括由荷兰皇家壳牌或荷兰皇家壳牌的任何附属公司或代表荷兰皇家壳牌或荷兰皇家壳牌的任何附属公司向任何该等董事提出的所有索赔；及

——荷兰皇家壳牌股份持有人与荷兰皇家壳牌公司的任何专业服务提供商（包括审计师、法律顾问、银行家和ADR存托人等）之间，这些服务提供商与荷兰皇家壳牌公司同意受荷兰皇家壳牌公司章程仲裁条款和专属管辖权条款的约束；及

——荷兰皇家壳牌及其专业服务提供商之间因荷兰皇家壳牌股份持有人与专业服务提供商之间产生的任何此类纠纷，应根据国际商会仲裁规则在荷兰海牙通过仲裁最终解决。［这包括各方间因英国、荷兰、美国法律（包括证券法）或任何其他法律而产生的仲裁条款所涵盖的所有争议］。②

有关荷兰皇家壳牌未能或据称未能支付已宣布且到期的全部或部分股息的争议，将不受荷兰皇家壳牌章程仲裁条款和专属管辖权条款的约束。

仲裁庭将由根据国际商会仲裁规则任命的3名仲裁员组成。首席仲裁员必须具有至少20年在英联邦普通法司法管辖区执业的合格律师经验，而其他仲裁员必须具

---

① 该部分内容为壳牌集团公司网站招股说明中仲裁条款英文的翻译，原文详见 https://www.shell.com/investors/information-for-shareholders/share-information/share-unification-information/_jcr_content/par/grid/p0/textimage_copy_copy.stream/1618977288269/3c47d80167292126060b04ab81498f3ee9a832cd/listing-particulars-05.pdf。

② 荷兰皇家壳牌公司招股说明书仲裁条款和章程仲裁条款必备要素基本一致。括号部分为笔者认为该公司章程仲裁条款中较重要但招股说明书仲裁条款中没有提及的内容。

有至少20年合格律师经验。

仲裁的语言将是英语。

[这些条款构成公司、公司股东及公司股东间的合同。本条(可以由公司与其董事或专业服务提供商之间具有类似效力的任何协议不时补充)还包含或证明股东、公司、公司董事和专业服务提供商将争议提交仲裁委员会仲裁的明确证据,此类提交应视为争议者之间具有根据《荷兰民事诉讼法》《英国1996年仲裁法》《联合国承认及执行外国仲裁裁决公约》第2条达成的书面仲裁协议。][①]

荷兰皇家壳牌章程还包括各方在法律允许的最大范围内对于其中所证明或包含的仲裁协议的放弃声明:(i)任何司法管辖区法律规定的向任何法院或其他司法当局申请确定任何初步法律要点的任何权利,和/或(ii)任何司法管辖区法律规定的对仲裁庭的裁决、裁定或决定提出上诉或其他质疑的任何权利。

如果任何法域的法院或其他主管当局确定荷兰皇家壳牌章程中关于仲裁的规定对该法域的任何特定争议无效或不可执行,则该争议只能提交英格兰和威尔士法院。

在不影响任何其他可用的权利或补救措施的情况下,荷兰皇家壳牌及荷兰皇家壳牌股份的每一持有人承认,对于违反荷兰皇家壳牌章程中专属英国管辖权条款的任何行为,仅凭损害赔偿可能不足以提供足够的补救措施,因此,在违反或预期违反该等条款的情况下,可在适当情况下使用强制令和/或特定履约令的补救措施。

荷兰皇家壳牌章程适用的准据法是英国实体法。

设计符合我国国情并对投资者权利有倾斜性安排的招股说明书仲裁条款,示范条款应明确以下必备要素。

1.仲裁条款约束的主体

根据《证券法》《最高人民法院关于审理证券市场虚假陈述侵权民事赔偿案件的若干规定》,发行人的控股股东、实际控制人、董事、监事、高级管理人员和其他直接责任人员以及保荐人、承销的证券公司及其直接责任人员及其他中介机构,[②]应当与发行人承担连带赔偿责任。以上主体与投资者(股东)应受招股说明书仲裁条款约束。

① 荷兰皇家壳牌公司招股说明书仲裁条款和章程仲裁条款必备要素基本一致。括号部分为笔者认为该公司章程仲裁条款中较重要但招股说明书仲裁条款中没有提及的内容。

② 发行人与中介机构之间应签订相关协议,篇幅所限本文中不再展开论述。

2. 仲裁条款管辖的纠纷种类

仲裁条款可管辖的纠纷，一为证券发行引发的或与发行有关的争议或纠纷，以此涵盖一级市场民事纠纷；二为股东基于《公司法》和公司章程所赋予的股东权利，与上市公司及其董监高、控股股东及实际控制人间发生的纠纷，以此涵盖二级市场民事纠纷；三为因虚假陈述、内幕交易、市场操纵等证券欺诈行为引发的侵权纠纷，以此涵盖侵权民事赔偿纠纷。值得注意的是，从现有实践来看，招股说明书仲裁条款适用的纠纷范围应主要为欺诈发行，或兼有欺诈发行和虚假陈述的行为。这是因为，一方面，内幕交易案和操纵市场案往往因个人行为引起而与公司行为无关；另一方面，截至目前，最高人民法院仅就虚假陈述类案件的审理规则出台了相关司法解释，使该类纠纷在确定受损投资者范围和赔偿计算方法上有规可循，易于明确相关赔付范围和标准。

3. 仲裁机构与规则

示范招股说明书仲裁条款应当约定明确的仲裁机构、仲裁规则、仲裁地、裁决适用的实体法和仲裁语言等。证券监管机构、自律组织可在示范条款中列明在资本市场领域具有丰富仲裁经验的仲裁机构供上市公司选择，并加强与仲裁机构的协同合作，从而增强证券领域仲裁员的专业胜任能力，推动符合证券行业特点的仲裁规则的制定。在域外实践中，荷兰皇家壳牌公司争议前仲裁条款要求仲裁庭须由 3 名仲裁员组成，不允许独立仲裁庭审理相关纠纷，且对仲裁员的专业能力要求极高，即首席仲裁员必须具有至少 20 年在英联邦普通法司法管辖区执业的合格律师经验，而其他仲裁员必须具有至少 20 年合格律师经验。美国 FINRA 要求扩大仲裁员名册，定期更新仲裁员背景资料，首席仲裁员须具备必要的经验且经过必要的培训，并强化仲裁员的业务与职业道德培训等。

4. 对投资者的必要提示

仲裁条款需要以醒目的方式说明仲裁与诉讼间的区别，具体如仲裁的一局终裁性，并提示投资者如果选择仲裁就意味着放弃本可在法院寻求救济的权利，以及不以或不能以仲裁方式解决的纠纷可以到法院提起诉讼。

（二）规范并加强信息披露

美国证券交易委员会在 1986 年和 1987 年对合同中的争议前仲裁条款进行了调查，调查有两个重点：一是这些争议前仲裁条款的存在及其含义是否向投资者充分披露说明;二是开户是否以订立这样的争议前仲裁条款为前提条件。[①] 这两个调查的目的,是保证投资者在订立仲裁协议时的自愿性,强化仲裁协议的公平价值。招股说明书引入仲裁条款时,发行人应做好相应的信息披露安排,以保证投资者的知情权和选择权。具体信息披露如下:以突出、醒目的方式提示投资者招股说明书中包含有仲裁条款,以及该条款在招股说明书中的页码及段落位置。以上文荷兰皇家壳牌公司招股说明书为例,全文共在 7 处提到了 48 次"仲裁",包括招股说明书中对投资者作出价值判断和投资决策最重要的"概览""风险提示""发行人""发行股票"[②]部分。同时,上市公司应严格按照证券法律法规要求在季报、半年报、年报中充分披露其招股说明书和公司章程仲裁条款,做好定期提示投资者的工作,甚至可在投资者股票账户里进行提示或对股票代码进行特殊标记以充分保障投资者的知情权与选择权以体现公平原则。

(三)加强与投资者保护机构的密切合作

2019 年修订的《证券法》明确了投资者保护机构在先行赔付、"默示加入、明示退出"的特别代表人诉讼等机制中的积极作用。2021 年 11 月,广州市中级人民法院依法对康美药业特别代表人诉讼案作出一审判决,52,037 名投资者获赔 24.59 亿元,标志着我国资本市场特别代表人诉讼制度成功落地,资本市场法治建设和投资者保护进入新阶段。证券仲裁院(中心)应加强与投资者保护机构的合作,考虑引入"先行赔付 + 仲裁""支持仲裁 + 示范裁决"等衔接机制以解决大规模群体性证券纠纷,但上述机制在仲裁中之具体应用还需由监管机构予以明确。另外,我国已建立并完善了证券期货纠纷在线诉调对接机制,并升级中国投资者网全国证券期货在线调解平台,组织 37 家证券期货调解组织全部入驻,[③]实现与人民法院调解平台的全面对接。2021 年,各调解组织共受理案件 5479 件,涉及金额 28.58 亿元,调解成功 2856 件,投资者获赔金额 15.64 亿元。[④] 实践中,"调解 + 仲裁"衔接机制[⑤]也已取得了良好的市

---

① 参见刘晓春:《证券仲裁的制度分析——美国的经验与中国的选择》,北京大学 2011 年博士研究生学位论文,第 142 页。

② 美国招股说明书格式和 A 股招股说明书不同,章节名称不完全一致。

③ 证监会投资者保护局对全国证券调解机构进行了梳理,目前全国证券调解机构有 37 家,详见中国投资者网,https://tiaojie.investor.org.cn/toubaojuService.html#/。

④ 参见《中国证监会 2021 年法治政府建设情况》,载微信公众号"证监会发布"2022 年 4 月 8 日,https://mp.weixin.qq.com/s/mGn_9enbKKOUmjGET6AyRQ。

⑤ 《深圳证券期货业纠纷调解中心调解规则》第 17 条第 1 款规定:"当事人达成调解协议的,为使调解协议的内容具有可强制执行的法律效力,任何一方当事人可依据调解协议中的仲裁条款,申请深圳国际仲裁院根据其仲裁规则的规定,按照调解协议的内容依法快速作出仲裁裁决。"

场反馈，截至2019年11月30日，深圳证券期货业纠纷调解中心已办结调解案件674宗，其中调解成功554宗，调解成功率为82.2%，申请仲裁确认的调解案件413宗，转化率为74.5%。[①] 可考虑将中国投资者网全国证券期货在线调解平台上现有37家调解组织与证券仲裁院（中心）进行对接，将其调解达成的和解赋予当事人请求证券仲裁院（中心）作出裁决书的权利，以使调解结果通过仲裁被赋予强制执行力。

（四）合力防范滥用争议前仲裁条款

首先，证券监管部门、自律组织与仲裁机构应协同合作，以解决资本市场纠纷难以导入仲裁机制的问题，共同设计并推广可供发行人自主选择的示范仲裁条款；其次，证监会及地方各证监局、证券交易所、投资者保护机构和司法机关应形成合力，以保护投资者利益为中心，构建并完善自律、行政与司法一体化、多层次的支持和监督体系，以推动、支持证券民事赔偿纠纷通过仲裁方式解决。证券监管机构和证券交易所对于拟采用争议前仲裁条款的上市公司应加强事前监管，要求发行人充分披露仲裁条款，并向投资者充分提示选择仲裁所享有的权利与面临的义务。投资者保护机构应发挥其保护投资者的作用与优势，可在中国投资者网上开辟“证券仲裁”专栏或在“投资者教育”专栏中加入相关内容，以解决市场主体对证券仲裁的认知度不高只依赖诉讼解决纠纷的观念，让市场主充分了解仲裁的功能及其对解决证券纠纷的潜在价值。法院在司法审查和司法监督中应严格把关，否定严重损害中小投资者合法权益的仲裁条款之效力，并根据《仲裁法》进行个案监督，防范侵害投资者合法权益之仲裁。

六、结　　语

综上，无论招股说明书作为要约邀请还是法定信息披露文件，在国内外理论与实践中其仲裁条款均被视为达成合意的仲裁协议。我国资本市场以个人投资者为主，中小投资者存在风险意识不强和承受能力较弱等特征。投资者保护的核心是权利救济，侵权能否获得及时和有效的赔偿事关投资者对资本市场的信心。随着我国资本市场注册制改革稳步推进，全面注册制即将落地，上市公司侵权民事赔偿纠纷会逐渐增加，法院面临较大诉讼压力，且诉讼程序存在耗时长、成本高等问题。仲裁具有程

---

① 参见刘晓春、姜婧姝：《中国资本市场纠纷解决机制的局限与创新——以深圳证券期货业纠纷调解中心的实践为视角》，载《金融法苑》2019年第2期。

序灵活、经济高效、仲裁员具有专门经验和知识等优势,通过招股说明书引入仲裁条款在投资者与发行人间引入仲裁机制,有利于实现维护投资者特别是中小投资者合法权益并最终实现市场稳定健康发展的目标,或是完善资本市场纠纷多元化解机制值得探索的方向。以上内容仅为笔者的初步思考,相关机制在仲裁中的具体应用还需要立法与实践的进一步探讨和明确。

证券内幕交易损害赔偿司法救济的完善

鲍晓晔*

摘　要：内幕交易违法者侵害了投资者的公平交易权，应当对投资者因内幕交易行为导致的损害承担赔偿责任。证券法对内幕交易民事赔偿责任作出了规定，但现有立法规定较为笼统、原则，司法实践中仍需基于一般侵权诉讼的构成要件来承担证明责任，尤其是因果关系认定是举证难点，导致内幕交易民事赔偿诉讼原告举证难、胜诉率低。为解决此困境，建议健全内幕交易民事赔偿的司法解释，强化投资者保护机构在内幕交易损害赔偿案件中支持诉讼的重要作用，或通过示范性判决明确内幕交易损害赔偿的规则。

关键词：内幕交易　损害赔偿　司法实践　构成要件

一、证券内幕交易损害赔偿的理论证成

(一)证券内幕交易损害赔偿的目的

内幕交易有违市场公平，已被世界各国证券立法明确禁止。但在内幕交易受害人是否有权获得赔偿上，曾有过完全对立的学术分歧。有学者质疑内幕交易的民事责任功能，认为内幕交易行为和投资者损失之间通常没有因果关系，投资者损失主要来自市场信息风险。① 禁止内幕交易的重要原因是为了阻止普遍经济损失，而不是因为它可以弥补个人投资者可识别的损失，②但多数学者仍支持推行内幕交易民事赔偿

* 上海师范大学商学院副教授，法学博士。

① 参见耿利航：《证券内幕交易民事责任功能质疑》，载《法学研究》2010年第6期。

② 参见[美]路易斯·罗斯、乔尔·赛里格曼：《美国证券监管法基础》，张路等译，法律出版社2008年版，第673页。

责任。内幕交易损害赔偿制度通过剥夺违法者的不当获益,从根本上抑制其违规的动力。[①] 民事赔偿制度使整个证券市场投资者共同参与监督,增加了内幕交易者的机会成本,对内幕交易违法行为会起到抑制作用。打击内幕交易不能单靠行政监管部门的严格执法,民事赔偿责任机制的完善是遏制内幕交易行为不容忽视的一个手段。[②]

通常认为内幕交易损害赔偿制度具有威慑和补偿两个功能,从而达到提振投资者信心的目的。损害赔偿制度通过对违法者施加较为沉重的经济负担,可以制裁、威慑违法者,从而遏制内幕交易行为的再次发生。[③] 实践中,由于内幕交易行为具有隐蔽性、难以察觉,即使监管机构秉持"零容忍"的监管执法原则,仍会存在漏网之鱼,在巨额利润的诱惑面前违法者仍可能选择铤而走险。民事损害赔偿制度在行政监管执法的基础上,增加了违法者内幕交易的经济成本,起到威慑、遏制内幕交易违法行为的作用。同时,将剥夺的非法所得来填补原告的损害,是民事责任制度本身所担负的损害补偿功能的体现,也是《中华人民共和国证券法》(以下简称《证券法》)第 53 条第 3 款的应有之义。

(二)证券内幕交易损害赔偿责任的法律属性

关于内幕交易民事责任的法律属性有违约责任说、侵权责任说和法定责任说等观点。目前普遍认同的观点是侵权责任,但不直接等同于一般民事侵权,而是法定责任下的证券侵权,即违反了证券法规定的义务而产生的侵权损害赔偿责任。[④] 我国司法实践中将内幕交易责任纠纷列入"证券欺诈责任纠纷",属于侵权责任范畴。[⑤]《证券法》第 50 条至第 53 条、第 191 条对内幕交易的认定及其法律责任作出了明确规定,但与内幕交易损害赔偿直接相关的条款只有第 53 条第 3 款,由于《证券法》对内幕交易赔偿责任的规定过于笼统、原则,实践中仍要借助侵权责任的一般构成要件来发挥作用。[⑥]

---

① 参见赵旭东:《内幕交易民事责任的价值平衡与规则互补——以美国为研究范本》,载《比较法研究》2014 年第 2 期。

② 参见冯果、李安安:《内幕交易的民事责任及其实现机制——写在资本市场建立 20 周年之际》,载《当代法学》2011 年第 5 期。

③ 参见王利明:《我国证券法中民事责任制度的完善》,载《法学研究》2001 年第 4 期。

④ 同上。

⑤ 参见最高人民法院《民事案件案由规定》(法〔2020〕347 号)。

⑥ 参见冯果、李安安:《内幕交易的民事责任及其实现机制——写在资本市场建立 20 周年之际》,载《当代法学》2011 年第 5 期。

(三)证券内幕交易损害赔偿责任的构成要件

侵权责任的一般构成要件包括四个方面:违法行为、损害后果、因果关系和主观要件。正确认定内幕交易的违法行为是受害人行使损害赔偿权的前提,但本文在假设存在内幕交易的基础上,主要研究如何完善损害赔偿机制、加强投资者保护,而不对内幕交易认定这个复杂的话题展开论述。在主观要件方面,由于内幕交易涉及知悉内幕信息并利用内幕信息交易(或泄露信息),因此违法者必定存在主观过错。而另两个构成要件因果关系和损害赔偿范围一直是内幕交易赔偿责任认定的难点。要厘清这两个问题,首先应当明确谁有权提起赔偿之诉?对原告诉讼资格最为严苛的界定标准是交易相对人学说,要求原告的交易指令必须与违法者的实际匹配。同时交易说主张只要与内幕交易违法者在同一时间进行相同证券交易的同时反向交易者,均可成为适格原告。[①] 同期交易说在同时交易说的理论基础上,将原告的交易期限扩展到从内幕交易开始至内幕信息公开这段期间。本文支持同期交易说,即与内幕交易违法者进行同期交易的投资者都处于信息劣势,其公平交易权受到侵害,有权提出损害赔偿之诉。

有关内幕交易损害赔偿因果关系的研究成果较丰富。主流观点是内幕交易与受害人损失之间存在因果关系,只是举证难。[②] 其一,证券交易主体人数众多、成交量巨大,交易模式采用集合竞价撮合成交,导致内幕交易违法者和受害人的交易并不一一对应或直接接触。因此,受害人要举证是内幕交易行为影响了他的投资决策,这是非常困难的。其二,影响证券价格波动的因素繁多,受害人要排除其他因素,证明内幕交易对证券价格上涨或下跌的影响范围,也是极其复杂和困难的。其三,内幕交易具有隐蔽性,投资者限于自身技术手段和能力,取证困难。基于上述理由,如果用传统的民事侵权标准去证明内幕交易赔偿责任的因果关系,那将几乎不可能实现,但我们并不能否认内幕交易行为与受害人损害结果之间关联性的存在。因此,多个国家或地区(如美国、新加坡等)为了降低受害人举证责任难度,在证券立法中对内幕交易损害赔偿的归责原则、因果关系等做出了明确规定,也有国内学者通过理论论证内幕交易损害赔偿的因果关系。内幕交易侵害了投资者的公平交易权,使投资者处于不公平的信息劣势地位。如果投资者知道反向交易者中存在内幕人,必然不会作出导致

---

① 参见冯果:《内幕交易与私权救济》,载《法学研究》2000 年第 2 期。

② 参见郭锋:《内幕交易民事责任构成要件探讨》,载《法律适用》2008 年第 4 期;陈洁:《证券欺诈侵权损害赔偿研究》,北京大学出版社 2002 年版,第 165 页;杨峰:《美国、日本内幕交易民事责任因果关系比较研究》,载《环球法律评论》2006 年第 5 期;曾洋:《内幕交易侵权责任的因果关系》,载《法学研究》2014 年第 6 期。

其受损的交易决策,内幕交易与投资者损害之间“若无则不”(but for)的因果关系即得以证成。证券交易的高亏损概率不应成为内幕交易免除赔偿责任的托词。在可能致损的多个因素中,内幕交易行为的介入提升了投资者亏损发生的客观可能性,反映了二者之间存在合理的确定性,可认为具有事实上的因果关联。[①]

损失及赔偿范围一直是司法实践的一大障碍。价格波动是证券市场的常态,投资者应风险自负。在内幕交易案件中,受害人的损失通常由两部分组成:一部分是因内幕交易行为导致股价下跌或上涨造成的损失,另一部分是股市正常的价格波动造成的损失。[②] 而让内幕交易违法者承担后者的损失赔偿责任显然有失公平。但二者交织在一起,需要特殊的损害赔偿计算方式加以识别。理论上,计算损害赔偿范围的方法有四种:(1)实际价值计算法,即受害人买入股票的价格与该股票当日实际价值的价差,难点在于评估股票的实际价值。新加坡和澳大利亚采取该计算法。(2)实际诱因计算法,指违法者仅对其内幕行为造成的价格波动负赔偿责任,该方法的难点是如何将内幕交易引起的损失从其他外来因素的影响中剥离出来。(3)差价计算法,是将证券交易时价格与内幕信息披露时或此后合理期间内的价格差额作为赔偿金额。加拿大证券法即采此计算法,规定将交易价与内幕信息公开后 20 个营业日平均收盘价的价差作赔偿额。(4)吐赃法,是指赔偿金额限于违法者的非法获利,包括获得的利润和避免的损失。[③] 上述计算方法各有其合理性,也各有其不足。目前,我国《证券法》对于内幕交易民事赔偿金额的计算并未作出具体规定。

二、证券内幕交易民事诉讼的司法实践

通过威科先行法律信息库,以证券内幕交易赔偿(责任)纠纷为案由,裁判日期自 1994 年 1 月 1 日至 2022 年 8 月 30 日为检索条件,共检索到民事裁判文书 281 份。(见表 1)

2009 年 10 月,被称为我国首起正式判决的内幕交易民事赔偿案件——陈某某诉潘某某案——以原告的败诉而告终。该案件争议的焦点是原告之经济损失与被告内幕交易行为之间是否存在因果关系。被告作为大唐公司董事掌握公司内幕信息,于

① 参见曾洋:《内幕交易侵权责任的因果关系》,载《法学研究》2014 年第 6 期。

② 参见冯果:《内幕交易与私权救济》,载《法学研究》2000 年第 2 期。

③ 参见郭锋:《内幕交易民事责任构成要件探讨》,载《法律适用》2008 年第 4 期。

2007 年 4 月 16 日卖出大唐电信股票的行为，受到中国证券监督管理委员会(以下简称证监会)处罚。原告于 2007 年 4 月 10 日以 17.10 元买入大唐公司股票，又于 6 月 18 日以 24.47 元卖出，每股净盈利 7.37 元，此时距离被告卖出股票的内幕交易行为已经两个多月，说明被告的内幕交易行为没有给原告带来负面影响或损失，法院因此判定二者因果关系不成立，驳回原告的诉讼请求。① 2012 年 12 月，轰动一时的股民诉黄某某内幕交易案一审宣判，法院认为即使黄某某、杜某因内幕交易行为被确认为犯罪，但与原告的损失之间也不存在必然的因果关系，证券交易风险应自担，故判决原告败诉。该案件又经历了二审和再审程序，仍维持原判。② 2019 年和 2021 年各有一起证券内幕交易民事纠纷案，分别以原告撤诉和管辖权问题裁定结案。③

表 1　1994～2022 年证券内幕交易民事赔偿责任纠纷裁判文书

序号	案件名称	审判日期	审理法院	审判程序	文书类型	裁判结果
1	股民与光大证券公司证券内幕交易责任纠纷	2014 年 2 月 20 日至 2018 年 1 月 12 日	上海市第二中级人民法院(212 起)，河南省高级人民法院(1 起)	一审	判决书(200 份)	1 份对原告的全部诉讼请求不予支持，199 份未公开
					裁定书(13 份)	7 份驳回被告光大证券的管辖权异议，6 份未公开
			上海市高级人民法院(64 起)	二审	判决书(13 份)	12 份驳回上诉人(原审原告股民)的上诉请求，1 份驳回上诉人(原审被告光大证券)的上诉请求
					裁定书(51 份)	1 份准许上诉人(原审原告股民)撤诉，3 份按上诉人(原审原告股民)撤诉处理，29 份准许上诉人(原审被告光大证券)撤诉，18 份驳回上诉人(原审被告光大证券)上诉

① 参见北京市第一中级人民法院民事判决书，(2009)一中民初字第 8217 号。

② 参见北京市高级人民法院民事裁定书，(2014)高民申字第 02751 号。目前未见该案一审、二审裁判文书。

③ 参见江苏省南京市中级人民法院民事裁定书，(2019)苏 01 民初 1051 号；江西省南昌市红谷滩区人民法院民事裁定书，(2021)赣 0113 民初 12483 号。

续表

序号	案件名称	审判日期	审理法院	审判程序	文书类型	裁判结果
2	陈某某与潘某某证券内幕交易责任纠纷	2009 年 1 月 22 日	北京市第一中级人民法院	一审	判决书	驳回原告陈某某的诉讼请求
3	吴某某证券内幕交易责任纠纷申诉	2014 年 11 月 13 日	北京市高级人民法院	再审	裁定书	驳回原审原告吴某某的再审申请
4	曾某某与孙某某、郑某某证券内幕交易责任纠纷	2019 年 7 月 10 日	江苏省南京市中级人民法院	一审	裁定书	准许原告撤诉
5	许某证券内幕交易责任纠纷	2021 年 7 月 17 日	江西省南昌市红谷滩区人民法院	一审	裁定书	不予受理

资料来源:威科先行法律信息库。

注:以证券内幕交易赔偿(责任)纠纷为案由,裁判日期自 1994 年 1 月 1 日至 2022 年 8 月 30 日为检索条件,共检索到民事裁判文书 281 份。其中,有 205 份裁判文书(包括 199 份判决书和 6 份裁定书)未公开裁判结果和裁判理由。

由表 1 可知,除 4 份裁判文书之外,其余 277 份都是光大证券"乌龙指"事件引发的民事赔偿纠纷案,但该案绝大多数一审判决书未公开,有近半数一审裁定书未公开。[①] 在公开的一审和二审裁定书中,以管辖权问题和原告(或上诉人)撤诉为主。从公开的 14 份判决书(包括 1 份一审判决书和 13 份二审判决书)中发现,法院支持了部分原告的诉请,也有部分原告的赔偿请求被驳回。

违法行为的认定是确立民事赔偿责任的前提条件。多位国内学者就光大证券"乌龙指"事件是否应定性为内幕交易展开讨论,有赞同,亦有质疑。[②] 但无论学者如何立论,证监会确已认定光大证券构成内幕交易。上海市高级人民法院在判决书中也再次确认,光大证券在 2013 年 8 月 16 日 13 时开市后至 14 时 22 分的交易行为是内幕交易行为,并且作为内幕交易行为人存在主观过错。

在此基础上探讨民事赔偿责任问题,主要争议焦点在于内幕交易行为与原告损

① 本文共检索到关于光大证券"乌龙指"事件引发的民事赔偿纠纷案的裁判文书 277 份:一审判决书共 200 份,其中 199 份未公开;一审裁定书 13 份,其中 6 份未公开;二审判决书 13 份;二审裁定书 51 份。

② 参见缪因知:《光大证券事件行政处罚与民事索赔之合法性质疑》,载《法学》2014 年第 1 期;陈洁、曾洋:《对"8·16 光大事件"内幕交易定性之质疑》,载《法学评论》2014 年第 1 期;叶林、钟维、邹启钊:《期货市场内幕交易:理论基础与构成要件》,载曹越主编:《期货及衍生品法律评论》(第 2 卷),法律出版社 2020 年版,第 61 ~ 72 页。

失之间的因果关系。在公开的14份判决书中，有1份是一审判决书，判决结果不支持原告的诉讼请求，原因是原告所交易的海马汽车股票，既非50ETF以及180ETF的成份股，亦非沪深300指数的成份股，从表面而言与光大证券交易的品种并无价格关联性。该案中，原告亦未能提供任何证据证明价格关联性。因此法院认定，原告交易上述股票受到损失与光大证券的内幕交易行为之间不具备法律上的因果关系。[①] 后该案原告上诉，二审维持原判。类似的案情还出现在1份二审判决书中，原审原告于内幕交易时间段买入了宏源证券股票，但原告也未能证明该股与被告光大证券交易的品种之间存在价格关联性。在另一起股指期货投资者起诉光大证券的案件中，原告从事股指期货合约交易IF1308与被告违规交易IF1309，属于同向交易。[②] 法院认为，"内幕交易行为给投资者造成损失的"应当限于与内幕交易行为有直接因果关系、相反方向交易的投资者，所以，IF1308的投资者的损失与被上诉人（被告光大证券）违规交易IF1309之间不具有法律上的因果关系，故原审原告未获赔。[③] 在9份二审判决书中，上诉人（原审原告）均在2013年8月16日上午进行股票交易，当时内幕信息尚未形成，因此投资者的股价损失与被告光大证券在当日下午的内幕交易行为无关，故法院认为被告不负赔偿责任。[④]

值得注意的是在公开的二审判决书中，有1份是迄今为止证券内幕交易损害赔偿案件中，唯一公开的原告胜诉判决书。[⑤] 该案中，被上诉人（原审原告）在被告光大证券内幕交易时间段内，进行了相同证券品种50ETF的反向交易，并产生了交易损失。光大证券并没有举证证明被上诉人的损失是由其自身原因或者其他原因造成，故法院认定光大证券内幕交易行为与被上诉人的投资损失之间存在法律上的因果关系。[⑥] 一审法院和二审法院在现有证券法律制度框架下，对内幕交易民事损害赔偿的因果关系、赔偿金额等构成要件的推理和认定进行了有益尝试。

---

① 参见上海市第二中级人民法院民事判决书，(2014)沪二中民六(商)初字第128号。

② 参见上海市高级人民法院民事判决书，(2016)沪民终334号。

③ 参见上海市高级人民法院民事判决书，(2016)沪民终203号。

④ 上诉人(原审原告)针对光大证券公司在2013年8月16日上午的错单交易行为提起的侵权诉讼，根据中国证监会在[2013]59号行政处罚决定书所记载的相关内容，证监会对于光大证券公司2013年8月16日全天的交易行为进行了全面的调查，在此基础上认定光大证券公司在当日13时开市后至14时22分的交易行为构成内幕交易行为。换言之，证券监督管理部门在对当日整个交易行为进行查证后，并不认为光大证券公司在上午时段的交易行为属于违法违规行为。

⑤ 公开的判决书为该案件的二审判决书，法院驳回了原审被告光大证券的上诉请求，维持原判。

⑥ 参见上海市高级人民法院民事判决书，(2015)沪高民五(商)终字第58号。

三、证券内幕交易损害赔偿诉讼的困境

(一)内幕交易民事赔偿案件原告举证难、胜诉率低

通过上述司法实践案例研究发现,在我国证券内幕交易民事损害赔偿案件总数偏少,原告胜诉的比例更是很低。从前文数据来看,从 1994 年至 2022 年间证券内幕交易责任纠纷裁判文书总数达到了 281 份,但如果以同一被告作为同一案件统计,实质上只有 5 起内幕交易民事赔偿案件。在这 5 起案件中,仅有光大证券"乌龙指"引发的民事赔偿诉讼有部分原告胜诉,大部分案件由于原告撤诉或管辖权问题,最终裁定结案。

民事责任欠缺成为我国内幕交易规制的不足,一个重要的原因是内幕交易的民事赔偿纠纷中原告举证困难。[①] 在法院受理并经审判的案件中,投资者往往对于原告资格、违法行为、因果关系、损害赔偿金计算的时间范围和涉及的证券范围等方面不能提供准确有效的证明。

(二)证券立法对内幕交易赔偿责任的规定有待进一步完善

造成原告举证难、胜诉率低的主要原因是,证券立法对内幕交易赔偿责任的规定较为笼统、原则,对原告主体资格、诉讼程序、内幕交易行为及其与损害后果间的因果关系、损害赔偿的计算等内容未予细化,相关司法解释又迟迟未出台,导致实践中无论是原、被告还是司法机构,都面临诸多亟须解决的难题。在光大证券"乌龙指"相关民事案件中,一审法院和二审法院参照《最高人民法院关于审理证券市场因虚假陈述引发的民事赔偿案件的若干规定》进行了类比和推理,在审判实践中做了有益探索。但毕竟我国不属于普通法系,司法判决并不是正式法律渊源,日后证券内幕交易民事赔偿案件仍存在不确定性。

(三)因果关系认定是举证难点

由于《证券法》对内幕交易赔偿责任的规定过于笼统,实践中仍要借助侵权责任的一般构成要件来发挥作用。[②] 基于一般侵权诉讼要证明违法行为、损害后果、因果关系和主观要件这四个构成要件,对公共投资者而言,举证困难。一方面,内幕交易

---

① 参见彭志、肖土盛、赵园:《中国资本市场 20 年内幕交易行为案例综述》,载《财经研究》2017 年第 6 期。

② 参见冯果、李安安:《内幕交易的民事责任及其实现机制——写在资本市场建立 20 周年之际》,载《当代法学》2011 年第 5 期。

行为具有隐匿性,投资者限于自身技术手段和能力,难以察觉,因此对违法行为和主观过错的取证和认定都依赖于监管执法机构和司法机构。我国内幕交易民事诉讼中,对于内幕交易违法行为的认定是以证监会的行政处罚为依据。另一方面,证券交易本身的特质也导致举证难。其中,内幕交易行为与原告损失之间的因果关系一直是举证难点。证券交易采用集合竞价撮合成交,导致内幕交易违法者和受害人的交易并不直接对应,受害人很难证明是内幕交易行为影响了他的投资决策。此外,影响证券价格波动的因素繁多,受害人要证明是内幕交易行为对证券价格上涨或下跌造成影响,以及具体影响的程度,其论证和计算过程极为复杂和困难。

四、完善我国证券内幕交易损害赔偿司法救济的建议

根据《证券法》第 53 条第 3 款规定,内幕交易行为给投资者造成损失的,应当依法承担赔偿责任。下一步应研究如何使内幕交易民事赔偿条款更好地落实,完善证券内幕交易损害赔偿的私法救济,解决内幕交易受害人损害赔偿难的困境。

(一)健全内幕交易民事赔偿的司法解释

针对民事赔偿诉讼举证难、胜诉率低等问题,建议健全内幕交易民事赔偿的司法解释,明确原告资格、构成要件等规则。在采用集中竞价交易方式撮合成交的证券市场中,区别于传统的面对面的欺诈行为,买方和卖方难以一一对应,因此,原告要证明自己的买卖行为正好与违法者的交易相对应是几乎不可能的。普通投资者人数众多,但专业知识和技术手段都匮乏。主流观点是内幕交易与受害人损失之间存在因果关系,只是举证难。[①] 内幕交易行为侵害的是所有投资者的公平交易权,只要与内幕交易违法者进行同期交易的投资者都处于信息劣势,就有权提出损害赔偿之诉。首先,为加强保护投资者和平衡原、被告双方利益,建议参考“同期交易理论”,确定与内幕交易行为人同期且反向交易的投资者都具有原告资格,同期交易的时间为从内幕交易开始至内幕信息公开这段期间。其次,只要符合适格原告要求,就推定内幕交易行为与原告损害之间的因果关系成立。最后,为防止民事责任成为投资者保险和抑制过度诉讼,建议将赔偿金额加以限制,既不能超过原告的实际损失,也不能超过

① 参见郭锋:《内幕交易民事责任构成要件探讨》,载《法律适用》2008 年第 4 期;陈洁:《证券欺诈侵权损害赔偿研究》,北京大学出版社 2002 年版,第 165 页;杨峰:《美国、日本内幕交易民事责任因果关系比较研究》,载《环球法律评论》2006 年第 5 期;曾洋:《内幕交易侵权责任的因果关系》,载《法学研究》2014 年第 6 期。

被告的违法所得。

(二)强化投资者保护机构在内幕交易损害赔偿案件中支持诉讼的重要作用

在相关细化规则尚未出台之前,建议强化投资者保护机构在内幕交易损害赔偿案件中支持诉讼的重要作用。由于内幕交易案的特点所致,代表诉讼的适用具有很大局限性。但根据《证券法》第94条第2款规定,投资者保护机构可以依法支持受害投资者向人民法院提起诉讼。投资者保护机构的专业性和技术支持,将为处于劣势地位的普通投资者提供必要援助,平衡原被告诉讼力量,缓解内幕交易举证难的困境,从而畅通投资者私法救济途径。

(三)通过示范性判决明确内幕交易损害赔偿的规则

另一种落地设想,是通过示范性判决明确内幕交易损害赔偿的原、被告诉讼资格,归责原则,构成要件,赔偿金计算方法和范围等问题。美国内幕交易民事赔偿的具体规则正是通过一个个法院判例,才逐步修正和形成的。在我国相关司法解释尚未制定出台前,示范性判决不失为一项可操作性强的选择,但目前我国可查询和借鉴的内幕交易民事案件裁判文书仍数量有限。光大证券"乌龙指"事件引发的民事赔偿纠纷案中,一审法院和二审法院在就因果关系、赔偿金额等问题展开推理和认定,在现有证券法律下进行了有益尝试,并于2016年度由上海市高级人民法院发布为"2015年度金融商事审判十大案例之案例一"。下一步,建议从典型案例中形成示范性判决,有助于明确内幕交易赔偿案的争议焦点问题,引导投资者对后续案件的司法预期。

公司不等比减资决议的规制进路

——以决议行为性质为视角*

刘卫锋**　兰国强***

摘　要:公司减资制度是公司经营管理过程中,面对各种风险因素处置闲置资本的重要工具,同时也是对赌协议等商业安排的重要内容。实践中对于不等比减资决议的裁判,大多采取类推适用的方法得出决议需要全体股东一致决的要件,在裁判结果上采取恢复原状的处理方式。而这一裁判思路和结果并不符合商业逻辑和公司治理的效率要求,对其如何规制成为一个难题。在法律定性层面,决议行为的法律行为属性恰好可以弥补组织法层面的不足,厘清决议不成立与决议无效、可撤销瑕疵形态的成立要件,进而做出精准定性。在法律效果层面,以原则上不溯及既往为主,并辅之以损害赔偿、股东退出权来救济受损股东,以柔性司法干预提高公司治理的灵活性,促进商业交易便捷。

关键词:公司决议　法律行为　资本多数决　损害赔偿

一、问题的提出

传统民法学中的法律行为理论是否可以适用于公司决议行为?如果可以,应当在何种程度上适用于公司决议行为?在公司不等比减资决议的案件中又该如何适用?

---

* 本文系2022年中国金融资产管理课题"债券市场风险化解与工具创新"(项目编号:2022HZI007)的阶段性成果,国融证券委托西北政法大学研究课题"企业合规管理制度体系化构建"的阶段性成果。

** 法学博士,西北政法大学合规研究院特聘研究员、硕士研究生导师。

*** 甘肃政法大学民商经济法学院硕士研究生。

回归我国现行法,公司[①]不等比减资[②]决议的问题即表现为《中华人民共和国公司法》(以下简称《公司法》)第 43 条并未对同比例减资与不同比例减资的表决权比例作出区分规定,从而在客观上为大股东滥用资本多数决的表决机制压制中小股东的合法权利提供了便利。实践中,出现了一些涉及公司决议侵害股东权利的案例,如黄某某与镇江恒驰科技有限公司公司决议效力确认纠纷案、株洲豪信公司与黄某等公司决议纠纷案等。以上有关公司的决议效力瑕疵之诉均涉及侵害股东权利的问题,法官在作出裁判时,应当如何进行法律适用上的推导?

二、司法案例之剖析

笔者分别以"不同比减资""不等比减资""定向减资"为关键词在中国裁判文书网、北大法宝检索相关判例,从 2017 年 1 月到 2022 年 4 月的总样本数为 11 件,现将有关案件裁判结果、审级的情况分类整理为图 1 和图 2。

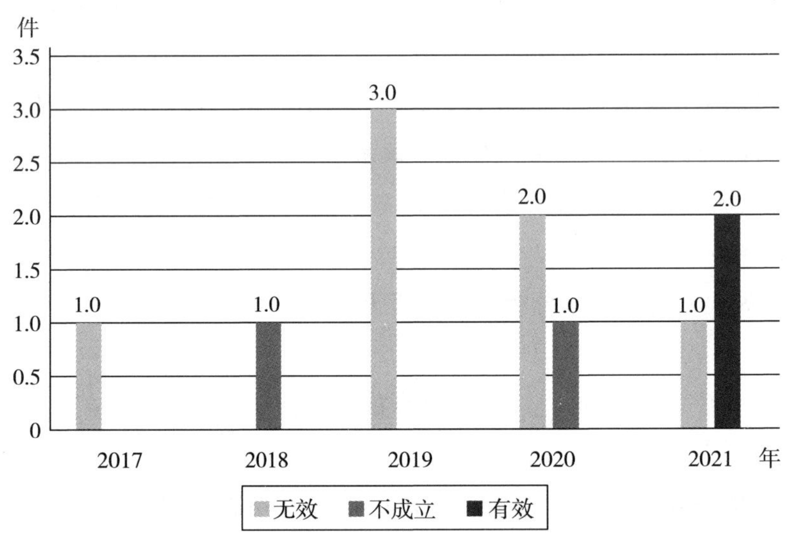

图 1　样本案例裁判结果分歧

① 本文涉及的公司决议如无特别说明仅指有限责任公司股东会决议。

② 本文所指减资,仅指实质减资。

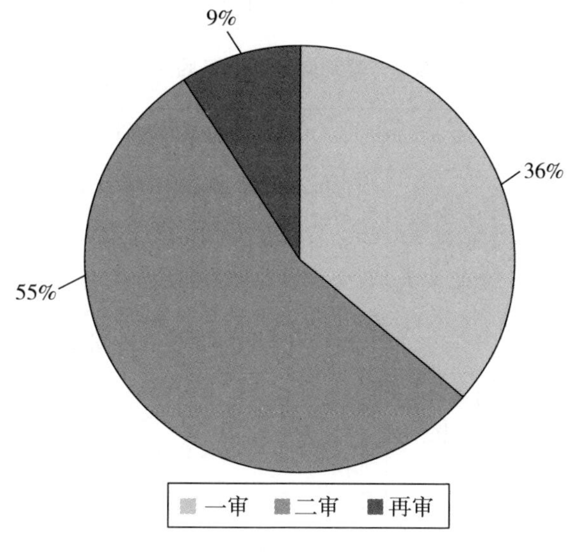

图 2　案件审级分布

从图 1 和图 2 的统计数据[①]可以看出,此类案件在 2017 年之前可谓是难觅踪影,自 2018 年华某某诉上海圣甲虫公司公司决议纠纷案[②]开始,有关不等比减资决议纠纷案件的总量不断增加,2019 年之后保持平稳增长。此外,该类案件上诉率超过 50%,少部分案件甚至会启动审判监督程序,可见当事人对此问题的争议较大。从案例内容来看,司法实践中不等比减资决议纠纷案件主要存在以下问题。

(一)法律定性有待进一步统一

为何决议内容同为减资且包含股东之间持股比例的再调整,裁判文书中对其的定性却出现了不同结果？有法院认为此种决议行为无效,也有法院认为决议不成立。假定以资本多数决的方式通过不等比减资决议,该减资决议事项本身具备违法性因素,那么作为事实判断的决议行为成立要件中为何会包含法秩序对决议行为瑕疵检视的价值判断？公司法对决议行为的瑕疵事由采取了"程序—内容"的设计方式,从正面设计决议有效作出的标准流程,即将内容镶嵌于部分环节之上的规则样态。那么逻辑上就必然会有非标准形态的存在,此种非标准形态也就表现为各个环节或内容上存在违法性因素。此时,问题就可转化为因为何种违法性因素的单独或组合导致了裁判结果的分歧。笔者对 11 份裁判文书中的法院认定事实部分和本院认为部

① 笔者在统计时将本院认为部分未对不同比减资问题进行说理的弱相关判决已经剔除,剩余的有效案例共计 11 件。

② 上海市第一中级人民法院民事判决书,(2018)沪 01 号民终 11780 号。

分进行归纳,以裁判结果的不成立、无效与程序性瑕疵、内容性瑕疵组合得出表 1。

表 1　裁判结果与瑕疵因素

程序性瑕疵	内容性瑕疵	结论
未通知参会、未出席会议、未签字确认、伪造签名、事后表示不同意或不知情、未经全体股东一致同意/未经股东本人同意	损害股东资产收益权、剥夺股东知情权、剥夺股东参与公司重大决策权、股东承担不当风险、损害股东实质性利益、违反法律规定和章程(章程规定一致决)、损害股东合法权益、违反股东自愿原则、公司严重亏损、裁判理由中假定亏损、未按股东持股比例同比例减资违反同股同权	无效
已通知但遭到小股东反对、对减资既未明示也未默示同意、冒充原告盖假章、未经一致决	损害股东利益、股东承担不当风险、公司严重亏损、改变了公司设立时的一致决的初衷	不成立
无瑕疵,已经过全体股东一致决、不同比减资应当由全体股东一致决的观点,于法无据且与章程相悖(章程规定 2/3 以上的表决权比例)	—	有效

通过表 1 的统计可以看出法院的裁判呈现不成立和无效两大对立结果,并且还有部分法院径直否定了不等比减资决议需要全体股东一致同意的比例要求。[①] 实务案例中经常表现为程序瑕疵和内容瑕疵经常伴随出现,即未通知、比例未达到要求且同时决议内容存在瑕疵,是否必然被法秩序评价为无效法律后果? 由此可知,我国公司法对于瑕疵形态的界定标准模糊,造成无效事由的过度扩张进而挤压其他法律形态的生存空间。

(二)裁判结果的可执行性有待进一步加强

裁判中对于公司经营中未经全体股东一致同意所作出的不等比减资决议几乎都持否定态度。但是,这并不意味着公司就能真的回到减资之前的状态,股东之间往往又会因此挑起纷争,公司内部经营管理可能会陷入僵局。

(三)小结

综上,裁判中的问题集中表现为瑕疵形态的界分不明及法律效果刚性过强。笔者将以上述问题为线索,对决议行为瑕疵形态的构成要件及不等比减资决议的裁判结果进行分析并提出建议,以期对司法实践有所裨益。

---

① 参见上海市长宁区人民法院民事判决书,(2021)沪 0105 号民初 9710 号;江苏省徐州市中级人民法院民事判决书,(2021)苏 03 号民终 2659 号。

三、公司决议行为的双重属性构造

实际上,决议行为能否适用法律行为理论这一问题已经在民法和商法学界有较多的讨论,笔者赞同肯定说的观点。

(一)组织法实用主义思维的欠缺

公司法是组织法的典型代表,决议行为又是公司内部治理中的核心工具,具有形成团体意思的重要功能,公司机关基于团体内部形成之意思对外与相对人为各种交易行为。实用主义思维主导下的商事立法往往关注商主体与交易相对人的关系,追求最大限度地维护交易安全,忽略了对团体内部意思形成过程的审视,部分法律规范的内容呈现出抽象模糊的特点。例如《公司法》第 22 条规定公司决议的内容违反法律、行政法规的无效,此处关于"违反法律"的解释难题即为其例证。对此,本文将分两步对决议行为规则作要素提取。

1. 会议流程的事实提取

通过对我国现行法律规范的分析,将涉及股东会召集程序和表决方式的规范进行时间维度上的组合,大致可以得出一项股东会决议的作出需要经过如下程序:提议或请求召开、决定召开、召集、通知(包括方式和期限、时间、地点、审议事项等)、主持、出席、审议与质询、表决、决定、会议记录、会议记录的签名。

2. 要件的规范提取

关于效力瑕疵规范的要件事实提取可总结为表 2。

表 2　实证法上关于决议效力的瑕疵事实归类

要件	程序性事项	内容性事项	法律规定
成立要件	议事方式、表决程序,召开会议(存在例外)、出席会议人数和股东所持表决权符合要求、对决议事项进行表决、会议表决结果达到规定的比例、其他		《中华人民共和国民法典》(以下简称《民法典》)第 134 条、《最高人民法院关于适用〈中华人民共和国公司法〉若干问题的规定(四)》第 5 条
可撤销要件	召集程序、表决方式	决议内容违反章程	《民法典》第 85 条、《公司法》第 22 条第 2 款
无效要件		决议内容违反法律、行政法规	《公司法》第 22 条第 1 款

综上,现行法的“程序—内容”环节无法涵盖所有股东会会议法定流程,[①]存在环节遗漏问题。还有观点认为股东会的召开不限于召集程序和表决程序,还包括召集之后、表决之前的议事程序。[②] 通过与前述会议召开流程对比,决议行为的成立要件无法涵盖的环节有:提议或请求召开、通知、召集、主持、决定、会议记录、会议记录的签名,部分环节无法被规范所包含。

(二)法律行为理论的理性主义构建

组织法固然有其特殊性,其在价值上追求组织内部的安定性,具体在公司决议行为中表现为决议行为的作出需要遵循公司法规定的程序和方式,股东或董事只要遵循这些程序和方式即可形成团体意思。有观点认为公司真意得以形成就在于程序的正当性,程序的遵守意味着即便是少数异议股东也必须服从多数决下的团体意思;相反,程序的违反会损及少数股东的权利,进而引发决议瑕疵诉讼。[③] 但是,也应当意识到法律行为属性系决议行为的逻辑起点,决议以股东会成员的意思表示为基础,其意思表示规范化为赞成、反对或者弃权。有关《民法典》第134条的权威释义也认为尽管决议行为具有其组织法的特性,但也应将决议行为归入多方民事法律行为,确认其法律行为的性质。[④] 基于此,笔者提出如下判断路径。

1. 决议行为成立要件的构造,应结合决议行为的流程以及意思表示的成立规则

(1)意思表示是决议成立的逻辑起点和最小公因数

团体意思形成说[⑤]注重意思形成过程的保障机制,以区别于自然人意思表示的可视性特征设计出可视化的流程环节,以实现民主、程序价值为目标。但还应注意的是,这一程序的根本目的就是保障公司法人主体可以形成其内心真意。而意思表示的成立在决议行为中首先表现为作为团体内部成员的每一位股东或董事基于对决议事项的了解和利害判断而作出投赞成票、反对票或弃权票的这一行为。可见,这一判断将意思表示的主体落在了团体内部成员而非公司。相应地,意思表示瑕疵规则也

---

① 参见汪青松:《股东会决议程序性瑕疵的侵权与救济》,载《西南民族大学学报(人文社科版)》2020年第4期。

② 参见李志刚:《公司股东大会决议问题研究:团体法的视角》,中国法制出版社2012年版,第166页。

③ 参见丁勇:《公司决议瑕疵诉讼——历史、功能与规则改进》,上海人民出版社2020年版,第1页。

④ 参见黄微主编:《中华人民共和国民法典总则编释义》,法律出版社2020年版,第355页。

⑤ 团体意思形成说已渐成决议行为性质学说的主流观点,此处不作过多解释,具体论述可参见吴飞飞:《论决议对法律行为理论的冲击及法律行为理论的回应》,载《当代法学》2021年第4期;李建伟:《决议行为特殊效力规则的民法解释》,载《法学杂志》2021年第7期。

取得了独立判断地位,并不当然引起决议行为的瑕疵。① 因成员的意思表示瑕疵所引发的后果也被概括为表决权瑕疵,表意人也仅能撤销自己的单方意思表示,其法律效果依据表决权扣减规则予以计算。②

(2)决议行为成立要件之构成

传统民法中法律行为制度以双方法律行为为原型进行构造。意思表示生效要满足以下几个要件:意思表示符合构成要素、意思表示发出、意思表示到达。同理,公司内部意思之形成可初步表现为:第一,团体内部各个成员意思构成要素健全,旨在追求自主对决议事项进行利害判断,进而作出符合其利益的赞成、反对或弃权的表示行为。第二,决议行为的意思形成过程是有相对人且相对人特定的意思表示,意思表示的受领人为决议主体,即股东会。第三,由于必须召开股东会或董事会,通常以对话方式作出意思表示。一言以蔽之,成员对外作出的意思表示之发出以通常情形下可到达股东会或董事会为标准,意思表示在无其他障碍时,通常可即时到达受领主体。

关于成立要件的确定标准,应当从形式与实质两个层面解释。第一,形式标准。决议不成立形态从可撤销形态中剥离出去的原因是将程序瑕疵特别严重的情形单独规制并科以更严厉的法律制裁,一方面可以更全面地维护受损股东的权益,另一方面也可以迫使公司规范自身表意机制、优化治理程序。第二,实质标准。当决议所涉事项超出股东个体权利维护及自由决定撤销与否之范围时,即落入基本决议秩序所不能容忍的情形,应归属于决议不成立。③ 根据我国《民法典》第 134 条规定,决议行为必须依照法律或公司章程规定的议事方式和表决程序进行,方可成立。设立公司决议行为成立要件的目的是保证公司内部的某一决议事项可以顺利作出并形成,故凡对决议形成具有决定性影响的环节均应纳入成立要件,这种最低要件要求在理论上也是可以得到支持的。④ 有观点将其概括为股东大会的决议能力要件和股东大会的成立要件,后者仅指表决结果是否达到比例要求。⑤

由于提议、召集、主持、决定环节并不会对决议有效作出产生决定性影响,故应排除在成立要件之外。对于召集环节,主流观点将其作为决议成立要件,例如经无召集

① 参见王雷:《公司决议行为瑕疵制度的解释与完善——兼评公司法司法解释四(征求意见稿)第 4 ~ 9 条规定》,载《清华法学》2016 年第 5 期。

② 参见吴飞飞:《论决议对法律行为理论的冲击及法律行为理论的回应》,载《当代法学》2021 年第 4 期。

③ 参见丁勇:《公司决议瑕疵诉讼:历史、功能与规则改进》,上海人民出版社 2020 年版,第 59 页。

④ 参见殷秋实:《法律行为视角下的决议不成立》,载《中外法学》2019 年第 1 期。

⑤ 参见钱玉林:《股东大会决议瑕疵研究》,法律出版社 2005 年版,第 280 ~ 281 页。

权人召集会议所作出的决议、未通知部分股东而召开的会议所作出的决议、就召集通知未列名的事项作出的决议不成立。[①] 但是,笔者认为召集环节不应作为成立要件:一是涉及通知的环节在法律规定中并未被召集环节所包含。二是召集环节不满足股东会决议作出的最低标准,如召集人虽无召集权,但会议表决比例达到了要求,此时应认为股东会决议是成立的。实际上,无召集权人召集股东开会并不一定会得到其他股东的信任。

增加通知环节作为决议行为的成立要件。立法上设计股东会会议通知制度的目的就在于有效地向股东告知开会事宜,[②]以便于使股东提前知悉决议事项的基本内容,充分考虑其利害关系产生心理预期。有关公司对于召开会议的方式、时间、地点、议事内容等信息在合理期限内是否通知股东,此环节在实务中经常被认为属于程序的重大瑕疵,归入成立要件。但是,笔者认为应作出区分处理,具体如下。

第一,应当对通知环节进一步细化,在针对公司是否通知股东参会的事项上,应当认为其属于成立要件。也有观点认为应将通知环节作为公司决议的生效要件,[③]但无论是作为成立要件还是作为生效要件,都是为了彰显对股东参与股东会议权利的保障,二者的目的具有一致性。因为股东会由全体股东组成,虽然股东会的召开不需要全体股东出席,但仍需向全体股东发出会议召开的通知和公告,保障股东对于股东会的出席权、知情权、参与权,使股东得到召集通知并将表决权行使完毕,确保股东作为团体成员能够充分参与会议的提案、辩论、质询、表决的全过程,把商谈民主作为重要的价值考量。[④] 尽管对外效果可能因是否构成越权代表而有所不同,但从团体意思形成过程的内部来看,通知环节是保障团体成员作出意思表示的必经环节,故笔者将其归入成立要件之中。但需要指出的是,此处的通知要件仅指是否将会议事项有效传达至团体成员。至于通知的方式,如无特别要求无论是采用数据电文还是书信均可;通知的期限一般情况下不会产生决定性影响,属于轻微瑕疵。对于会议记录和会议记录的签名,实质上是团体成员通过意思表示行使表决权过程与结果的真实记录,具有记述性。该环节并不会对团体成员意思表示的生效产生实质影响,故不属于成立要件,仅为一般程序性事项。

第二,针对通知的对象、时间、内容、方式的瑕疵,则应视个案结合实质标准作出

---

① 参见赵心泽:《股东会决议瑕疵诉讼制度研究》,法律出版社 2017 年版,第 52 页。

② 参见张雪娥:《公司股东大会决议效力研究》,法律出版社 2018 年版,第 100 页。

③ 参见吴飞飞:《〈公司法〉修订背景下公司决议规则重点立法问题探讨》,载《经贸法律评论》2021 年第 5 期。

④ 参见李志刚:《公司股东大会决议问题研究:团体法的视角》,中国法制出版社 2012 年版,第 147 页。

认定。例如,对于通知对象瑕疵,有学者认为对部分股东未通知,情况不严重的,不影响股东大会的成立;而对全部股东未作通知或者对部分股东未通知且情况严重的,则股东大会不成立。①

(3)小结

决议行为的成立要件可概括为:召开股东会、通知股东参与股东会、出席会议的人数和股东所持表决权比例符合法定要求、对决议事项进行表决、团体成员的数个意思表示生效、会议表决结果(同意的意思表示个数)要达到规定的比例。

2. 决议行为生效层面的构造

总体上应对无效事由进行限缩解释,在可撤销的基础上进一步扩充私法自治的生存空间。第一,将决议无效的事由严格限定在内容性事项中,且仅在决议内容违反公司本质、民主参与规则、强制性规范、公序良俗时方才评价为无效,②对此学界已有较多讨论,笔者不再赘言。第二,对于可撤销的决议行为,应当允许撤销权人行使事后追认权,弥补成立阶段的表决权瑕疵。第三,实践中出现竞合状态时应进行区分适用。

(1)决议行为原则上成立即生效,仅在其存在瑕疵事由时才对其效力问题进行审查,举证责任由质疑其效力者承担。我国公司法目前对于决议行为的效力判断呈现出无效、可撤销两种样态,通说认为界分两种样态的关键在于瑕疵事项属于程序性事项还是内容性事项,对于内容性事项原则上定性为无效,但当其违反的是公司章程规定时则属于可撤销事由。

(2)但这一区分标准在某些案件类型中也力有不逮,例如在陈某某诉江阴联通公司案中,法院认为联通公司未通知陈某某参加股东会,直接作出关于减资的股东会决议,从形式上看仅是召集程序存在瑕疵,但从决议的内容看,联通公司股东会作出的关于减资的决议已经违反法律,陈某某可以请求确认该股东会决议无效。③ 由此可见,实践中通常将程序性瑕疵事由作为内容性瑕疵判定的辅助说理工具,将二者杂糅说理。对此,笔者提出如下判定步骤。

第一,诸多程序性事项中对于团体内部意思形成具有决定性影响的环节,如召开、通知、表决环节,应置于成立要件的事实判断层面。对于其余程序性事项如召集

---

① 参见钱玉林:《股东大会决议瑕疵研究》,法律出版社2005年版,第169~170页。

② 参见叶林:《股东会决议无效的公司法解释》,载《法学研究》2020年第3期。

③ 参见江苏省无锡市中级人民法院民事判决书,(2017)苏02号民终1313号。

环节、提议召开主体的违反,并且不属于司法解释规定的轻微瑕疵对决议造成实质影响的,应当赋予原告撤销权。

第二,决议行为的可撤销与无效的定性并非非此即彼的关系,二者完全可能构成规范的竞合。此时,司法介入当事人的自治应保持一定的谦抑性,精准把握无效事由需侵害债权人及公共利益这一核心主旨,扩充可撤销的生存空间。有区别的是提起确认决议无效之诉属于确认之诉,而提起撤销公司决议之诉属于形成之诉。[①] 在公司决议行为可能因违反法律、行政法规而无效时,法院负有主动审查的义务,理论界通说也认为法律行为无效的后果是自始无效、当然无效、确定无效;而决议具备可撤销事由时法院则不负有主动审查的义务。那么,当程序性事项和内容性事项均存在瑕疵时,应当如何处理。逻辑上有三种可能的组合,以下分点述之。其一,该内容性事项仅违反了法律或行政法规,此时的情形是程序性瑕疵+内容违法。诚如上述,涉及违法事项时法院负有主动审查并确认无效之义务,尽管此时撤销权人享有是否行使权利之自由,但法律具有维护公共利益的作用,故权利行使应受法律限制,宜认定为无效。所谓公共利益,或可理解为是股东对决议合法性的控制,因为公司的意思表示是多个股东表决权之行使而成的,此种表决权的行使可体现为对公司和其他股东利益的限制或压制,[②]属于共益权。其二,该内容性事项仅违反了公司章程,此时表现为程序性瑕疵+内容违反章程。此时无论是程序性瑕疵还是内容违反章程,皆为可撤销之事由,应无异议。其三,该内容性事项既违反了法律又违反了公司章程,此时表现为程序性瑕疵+内容违法、违反章程。面临如此窘境,当举轻以明重,宜认定为无效,理由同情形一。换言之,提起股东会决议瑕疵诉讼的原告面临决议同时出现程序性瑕疵和内容性瑕疵的特殊情形时,决议无效事由的违法性会吸收掉程序性瑕疵的违法性,原告不享有选择救济方式的自治空间。

(3)撤销权人的事后追认权应予肯定。撤销权作为权利,权利人自然可在除斥期间内选择不予撤销或者对程序性瑕疵事项作出追认的意思表示以弥补瑕疵。

3. 小结

第一,成立要件须结合团体成员的意思表示生效规则及组织法的必要环节进行判断。第二,生效要件须精准厘定瑕疵事由之间的组合关系。

---

① 参见胡晓静:《德国学理及司法实践中的股东会决议不成立——兼评〈公司法司法解释(四)〉第5条》,载《山东大学学报(哲学社会科学版)》2018年第3期。

② 参见赵心泽:《股东会决议瑕疵诉讼制度研究》,法律出版社2017年版,第16页。

(三)不等比减资决议一致决要件之否认

审判实践中基于个案正义的要求,或对《公司法》第 43 条作限缩解释下的区分处理,或对《公司法》第 34 条作类推适用。在华某某诉上海圣甲虫公司公司决议纠纷案中,公司已经通知了原告参加股东会会议,但该不等比减资决议遭到原告明确反对。原告认为不等比减资决议在成立要件上需要全体股东一致同意,该项股东会决议不成立,法院对此也予以肯定。此案件中法院作出不成立判定的依据是其认为不等比减资决议需要全体股东一致同意,针对的是上述成立要件中达到表决比例要件。这一裁判改变了《公司法》中特别决议事项仅需表决权 2/3 以上即可通过的规定。那么法官是以怎样的理由和法学方法推理得出不等比减资决议就必然需要全体股东一致同意呢?有学者在对另一案件的评析中认为,这一规则的提炼是法官对《公司法》第 43 条进行的区分处理,二审合议庭首先将减资决议区分为两部分内容:一是关于公司减资数额的决定;二是关于各股东分别减持多少出资额的决定。二审合议庭指出,《公司法》第 43 条规定,股东会会议作出减少注册资本的决议,必须经代表 2/3 以上表决权的股东通过,该条规定中的"减少注册资本",仅指公司减少注册资本的数额,不包括减资额在各股东之间如何分配。因此,被告股东会 2/3 以上表决权股东通过的减资决议,只能决定公司减资多少,而不能决定每个股东各自减持的出资数额。并且这是基于常理和公平原则作出的裁判,与一审法院对《公司法》第 34 条增资优先认缴权规则类推适用于不等比减资不同。① 但笔者对此持有不同意见,不等比减资并不能成为改变资本多数决原则的例外情形。

结合前述表 1 与裁判文书中本院认为部分,支撑一致决的理由主要有以下几点。

1. 股东会决议损害了股东的资产收益权,并且类推适用《公司法》第 34 条得出有限责任公司股东资产收益权同股同权的基本原则。而股东会决议并未遵循同股同权原则进行减资,也未征得全体股东一致同意。类推适用需要满足两个案件的法律事实之间具有相似性的要求,所谓相似性指的是两个事物之间的差别是显而易见的,是不相同的,但从某种关系上看具有类似性。② 此种方法具有由个别到个别的间接推论特征,所得出的结论也并非绝对真实。③ 由此带来的疑问是,增资与减资是否可以满足相似性的前提?《公司法》第 34 条规定,公司增资时,可在全体股东约定下不按照

① 参见王军:《不等比例减资如何表决》,载微信公众号"公司法研学所"2021 年 12 月 10 日,https://mp.weixin.qq.com/s/Y0aw-S7hRxe0MSHo4WJFsg。

② 参见梁慧星:《裁判的方法》,法律出版社 2017 年版,第 244 页。

③ 参见梁慧星:《民法解释学》,法律出版社 2015 年版,第 275 页。

实缴的出资比例来优先认缴出资。第一,文义解释层面,本条但书是针对股东优先认购权所作出的限制,而股东优先认购权仅在公司引入外部投资人时才会涉及;而减资并不涉及该情形。第二,立法目的层面,这是为了在公司新增资本时维护现有公司的股权组成结构,维护现有股东利益。在有的情况下出于改善公司股权结构、吸引新的投资者、扩大公司规模等原因,考虑到有限责任公司之间的人合因素,允许全体股东约定一致决的例外。[①] 权威释义亦认为该规范是为了维护有限责任公司的人合性质,防止新增股东打破原有股东之间的紧密关系。本条但书也是为了说明如何实现优先认购权的决定权在股东手中,由股东根据具体情况作出决定。[②] 据此,该规范的预设情形和但书限制均针对出现外部投资人有可能打破公司内部股东现有的紧密关系的情形,可减资并不会出现类似情形。第三,后果层面,《公司法》第 177 条对公司减资时规定了通知、公告、清偿债务或担保的特别程序。认为减资相对于增资需要作出更严格的程序性要求,区别就在于减资可能会使公司责任财产减少,影响债权人的债权实现机会,而增资则是增加公司责任财产。

2. 对《公司法》第 43 条作目的性限缩,法院给出的理由是股东会决议以 2/3 以上多数决的意思改变了公司设立之初全体股东之间关于持股比例一致决的合意。[③] 目的性限缩,指的是依据法条文义应涵盖某一种案件类型,但依据立法目的却本不应该包含此种案件类型,由于立法者疏忽而未将其排除在文义范围之外。该方法是为了贯彻立法者的目的,而将该案件类型排除在法条适用范围之外。[④] 拉伦茨教授认为:目的论限缩方法的正当性在于不同类的事件应做不同的处理,也就是说评价上要求差异化处理。这一要求或源自被限制之规范自身的意义和目的,或依据其他规范具有优先性的目的,抑或是制定法中针对特定案件类型有优先适用效力的固有原则,如果不如此,其目的就无法达成。当法的安定性这一优先利益要求严守清晰文义时,即禁止进行目的论限缩。[⑤]《公司法》第 43 条对于公司减资事项以 2/3 以上的表决权比例作出特别要求,并且这一规定是强制性规范,不允许用章程或其他方式予以改变。其目的在于较好地保护多数股东的利益,避免控股股东利用简单多数的办法决定公

① 参见安建主编:《中华人民共和国公司法释义》,法律出版社 2013 年版,第 69 页。

② 参见宋燕妮、赵旭东主编:《中华人民共和国公司法释义》,法律出版社 2019 年版,第 76 页。

③ 参见王立新、王杰兵、冯海:《不同比减资应以全体股东一致决为原则》,载《人民司法(案例)》2018 年第 35 期。

④ 参见梁慧星:《民法解释学》,法律出版社 2015 年版,第 276 页。

⑤ 参见[德]卡尔·拉伦茨:《法学方法论》,黄家镇译,商务印书馆 2020 年版,第 493 页。

司的重大问题。[①] 对不等比减资采取一致决的要求符合保护多数股东利益的目的,其正当性来自规范自身的目的,并且限缩的对象属于强制性规范。笔者以为该理由是不够充分的。

第一,公司设立时所作出的安排具有因时制宜的特点,随着公司的长期经营,公司设立之初的合意结果未必符合公司现时的经营需求。例如,由于市场因素,造成部分实体企业经营迟滞、业务范围萎缩,进而导致公司资本大量闲置、社会资源浪费,减资制度即可助力公司处置闲置资本。

第二,该判断实际上是以股东间的协议来杀死公司内部治理所产生的决议,这一做法本身就忽视了组织法的程式要求,是严守合同法规则的逻辑结果。单纯以合同法的合意大于股东会决议的意思表示个数为由做出简单否定,即使有限责任公司中股东协议的功能大幅扩张,股东们在观念上都将其理解为类似合伙的形态,但这并不能成为协议否定决议的理由。首先,股东间的协议不得侵蚀公司权力,直接以法律并未明确规定的全体股东一致决要件替代公司治理的核心程式,是对公司民主理念的违背。有学者认为,这一最初的股东协议通常签订在公司主体地位不足的情况下,而在公司主体地位确定后,对公司权力或者公司权力决定的事项,则应尊重公司之独立人格。[②] 公司人格的成型伴随着契约自由度的下降,这种合同不自由表现在股东之间的在先契约可通过违约责任获得救济,[③]不得与决议行为相冲突。股东协议所进行的股权利益安排应限定在股东之间的利益分配,并不能直接处理公司事务,与股东会决议有着显著区别。其次,无论是何种股东协议,一旦涉及公司治理的问题,就可能存在不被强制履行的风险,[④]同理可知在公司设立之初股东对这一风险是有合理预期的。公司资本多数决制度固然具有其内生性缺陷,但应当以体系化、正当化的程序性规范来尽力弥合各个主体的利益分歧,而并非简单粗暴地以一致决作为成立或生效要件。即使是支持重塑股东协议价值的学者,也将其当作对公司法与章程的有益补充,[⑤]当二者冲突时居于补充性地位的股东协议显然不可抗衡法律所特别作出的规定。还有学者认为,在股东间的协议和股东会决议的位阶关系判断上应当以时间上

① 参见安建主编:《中华人民共和国公司法释义》,法律出版社2013年版,第79页。

② 参见陈群峰:《认真对待公司法:基于股东间协议的司法实践的考察》,载《中外法学》2013年第4期。

③ 参见蒋大兴:《公司法中的合同空间——从契约法到组织法的逻辑》,载《法学》2017年第4期。

④ 参见周游:《公司法语境下决议与协议之界分》,载《政法论坛》2019年第5期。

⑤ 参见林少伟:《程序型公司法的证成与实现》,载《当代法学》2022年第1期。

最近的股东真意为准,协议可以改变公司治理结构,但是涉及外部第三人利益的除外。[①] 不等比减资决议会同时涉及公司治理、牵涉外部第三人利益,股东间的协议在此不具有杀死决议的正当性基础。最后,从公司治理的演进趋势上看,协议治理代表着公司的幼小与不成熟,随着市场环境的优化,公司内部治理机制也将不断成熟,决议才是未来公司治理的核心工具。[②]

3. 公司处于亏损状态,不等比减资会导致未减资的股东承担的债务风险增加,甚至有法院在判例中径直以假定公司严重亏损作为裁判理由。[③] 该理由看似充分,但是在实务中,已有减资的股东在《债务担保说明》中承诺愿意承担减资部分的相应法律责任的情况,这一承诺可以认定为减资股东所提供的保证担保。第一,股东间所提供的担保足以消除剩余股东不当责任的风险。第二,如果减资后的股东原始投资款已经实缴,那么其持股比例上升并不会造成其责任风险的增加,因为该股东对于公司的出资义务已经履行完毕,即使公司发生债务危机也是由公司独立对债权人承担责任。第三,如果这些股东提供的是效力更强的物权担保或者以更优质的资产作为担保,那么否定其效力的理由就显得牵强。

4. 股东会决议的形成程序剥夺了股东的知情权、参与管理权等程序性权利。这一理由也无法推导出需要全体股东一致同意的结论,因为其他情形下的决议不成立、可撤销、无效,大多都会侵害中小股东的上述程序性权利。有学者将侵害股东权益的权利滥用型决议定性为可撤销决议,因其属于公司决议自治范围内的事项,所以将自治权利交由股东行使,更符合法律行为的逻辑要求。[④]

5. 不等比减资决议需要全体股东一致同意的要求具有局限性。在投资人与目标公司对赌的案件类型中,通常会约定减资回购股权条款,而这一条款在实践中也经常表现为定向减资。如果允许个别股东反对减资,则意味着要让外部投资人承担这一不利风险,不仅不利于公司有效融资渠道的拓展而且赋予了小股东钳制公司决议的权利,甚至导致公司难以作出减资决议。同时,商法的最高价值目标是效益,在处理效益和其他价值目标的冲突时,采取的是效益优先,兼顾公平和其他价值的原则。[⑤]

---

① 参见楼秋然:《有限责任公司中的股东协议效力问题研究——基于合同法与组织法交叉视阈下的效力区隔与整合》,载《河南财经政法大学学报》2019 年第 2 期;许德风:《组织规则的本质与界限——以成员合同与商事组织的关系为重点》,载《法学研究》2011 年第 3 期。

② 参见吴飞飞:《论公司治理中协议与决议的区分》,载《财经法学》2019 年第 2 期。

③ 参见湖南省株洲市中级人民法院民事判决书,(2021)湘 02 号民终 1355 号。

④ 参见吴飞飞:《公司决议无效事由的扩大解释与限缩澄清》,载《社会科学》2022 年第 1 期。

⑤ 参见王建文:《商法总论研究》,中国人民大学出版社 2021 年版,第 97 页。

而不等比减资决议一致决的要求，实际上对于效益的损害远远超过了对中小股东权利保护所带来的利益。当然，也并不能完全置中小股东利益于不顾，只是可以在救济层面对此作出更优的选择，本文在下一部分将对此展开论证。

综上，不等比减资的内容无法支撑公司减资决议需要全体股东一致同意这一结论。仍然应当回归2/3以上的资本多数决路径，对于其所引发的负面影响，将在下一部分设计规则予以规制。

四、裁判结果的反思与完善

正如前所述，司法实务中对于公司不等比减资的决议未经全体股东一致同意基本均以否定态度处之。但是，对决议作否定评价之后的法律关系又该如何处理则成为一个问题，倘若简单地恢复原状，视为公司未曾发生过这一减资事实，胜诉者可请求法院作出恢复公司注册资本登记并且请求股东返还公司已支付之投资款。这种法律上的判断在公司运营的商业角度来看并非公司未来经营发展的最佳结果，不能达到追求良好的社会效用和经济效益的目标。

（一）刚性裁判结果的成因

法院在裁判时往往容易忽视公司作为市场主体的最佳商业判断逻辑，进而在适用法律框架内的逻辑时出现偏差。在我国深化市场经济体制与经济发展模式的改革中，应继续深化市场机制，以便进一步提高经济运行效率。[①] 而商法无疑是促进经济增长效率的润滑油，法律规则越符合商业判断，要素流动的速度和次数也会相应地提高。

公司决议行为的实际功能定位模糊。蒋大兴教授认为，公司内部关系的基础是合作性博弈，而非竞争性博弈，公司内部会议应当成为一种“讨论/辩论的场所”，软化对公司决议的司法干预。对共同决议行为及其效力的限制，其本质在于为公司内部的精英留下空间判断，因为事实和历史不断证明。[②] 资本多数决机制的最高价值追求是取得被限制意志的股东的理解并接受资本多数决的表决结果，当然也不是强制其服从。[③]

① 参见王建文：《商法总论研究》，中国人民大学出版社2021年版，第98页。
② 参见蒋大兴：《重思公司共同决议行为之功能》，载《清华法学》2019年第6期。
③ 参见汪道伟：《股东会决议诉讼研究》，知识产权出版社2020年版，第65页。

忽视了公司的主体性,未对否定决议所带来的后果作现实考量。即使维护交易安全在行为法和法律行为理论中十分重要,也应当意识到公司才是《公司法》利益保护主体中的第一位,同时也是交易安全中需要保护的主体。[①] 那么在更加重视团体内部稳定性和可持续发展的组织法中,更应当重视公司的主体价值,尽量消弭公司治理过程中出现的僵局,而不是加剧股东之间的矛盾。也有学者提出,我国现行法上的决议瑕疵救济是对公司决议本身的救济,无论将决议判定为不成立、无效、可撤销,都无法改变当下公司的控制权格局,因此该制度无法终局保护中小股东利益。[②]

(二)刚性裁判结果的应对

1. 有效形态下的程序性要求

假定对不等比减资决议一致决要件予以否认,可能会出现公司股东会决议并没有其他程序性瑕疵和内容性瑕疵而被判定为有效的情形。那么进一步产生的问题是减资后的剩余股东和外部债权人的利益该如何维护呢?笔者建议分两步进行程序规则的构建。

(1)剩余股东不当风险的消弭

不等比减资会导致一部分股东在未经其同意的情况下持股比例提升,而另一部分股东则可能借此退出公司。很明显这一做法违背了部分股东的意思自治,但是此处笔者所要考虑的是在承认决议有效的前提下该如何帮助受到不利影响的股东消除不当风险。

第一,事实上实践中股东们已经给出相关处理方案,在减资中获益的股东在减资之前就受不利影响的股东所可能承担的不当风险提供连带责任保证。就此我们可以得到的结论是,如果受益股东对该不当风险提供了充足有效的担保,那么这种风险也自然就消除了。需要明确的是,该担保法律关系的担保权人是受不利影响的中小股东。

第二,在此基础上对这一理念予以扩张,所能得出的结论是受益股东在对公司减资之时所负担的债务予以清偿或提供担保的情况下,减资后的剩余股东也并不会在其原有承诺的出资比例范围之外另外承担风险。同时这也是严格遵循减资程序的逻辑后果,此时担保法律关系的担保权人是公司外部债权人。

---

① 参见蒋大兴:《公司组织意思表示之特殊构造——不完全代表/代理与公司内部决议之外部效力》,载《比较法研究》2020年第3期。

② 参见李磊:《公司决议瑕疵救济制度的功能反思与规则重构》,载《社会科学》2021年第8期。

第三,遵循公司盈余先弥补亏损、补足公积金的程序性要求。[①] 因为不等比减资决议多在大股东控制下作出,而大股东往往也是公司实际经营管理者,在其主导经营下所产生的亏损和公积金提取空缺应由其负担。

(2)外部债权人利益的维护

不等比减资决议往往伴随着实质减资的发生,而我国《公司法》第177条中债权人利益保护的程序性规定却存在违反规定的法律后果不明问题。例如,不通知相关债权人或者虚假通知债权人导致债权人知晓减资事实时已经错过法定异议期间,此时对于减资决议行为的效力该如何定性,债权人该如何救济?对此,实践中多认为瑕疵减资和抽逃出资均有害于公司人格独立、均有损债权人利益,二者具有相同性质,故应类推适用抽逃出资规则裁判,[②]判定违法减资股东在减资范围内承担补充赔偿责任。[③] 对此,有学者提出将债权人异议程序的履行作为减资的生效要件,要求公司对债权人提供切实有效的清偿或担保。[④] 笔者对此也持赞同态度,债权人利益的维护是减资相较于增资的特殊之处,无论是在利益衡量还是程序正义抑或立法者的态度倾向上,上述判断均为切实可行的操作方式。

2. 否定形态下的实体性要求

即使是作出否定的判决,在后续的清算法律关系中也应当针对商事规则的特点作出区分处理,使之符合公司法的效率、民主、公正价值。因为决议不仅要调整个体权利,还要调整公司内部的团体事项,关注组织效率和团体内部稳定价值,否定决议时不应一律采取恢复原状的措施。这种单方面救济的方案自从彻底否定决议效力时起,公司内部的稳定与效率价值就化为泡影。[⑤] 对此,笔者提出以下建议。

(1)决议的否定效果不溯及既往,仅面向未来发生效力。受益股东履行了前述清偿/担保程序,此时决议应当仅面向未来发生效力,减资后的剩余股东利益并未受到实质影响。首先,对于退出股东主动对公司减资前的债务提供担保的情形,法律应当认可其不具有溯及既往的效力,即不应赋予胜诉者以恢复原状请求权,使原告的救济

---

① 参见任明艳:《未经全体股东一致同意 定向减资决议则不成立》,载《法人》2020年第2期。

② 参见朱程斌、曹文兵:《公司减资未通知债权人的股东责任》,载《人民司法(案例)》2018年第26期。

③ 参见最高人民法院民事裁定书,(2016)最高法民申1112号;北京市第三中级人民法院民事判决书,(2021)京03号民终7685号;江苏省高级人民法院民事判决书,(2015)苏民终字第00293号;江苏省高级人民法院民事判决书,(2015)苏商终字第00034号。

④ 参见刘斌、杜峤:《论我国公司减资制度的体系革新》,载王利明主编:《判解研究》(2021年第2辑,总第96辑),人民法院出版社2021年版。

⑤ 参见丁勇:《公司决议瑕疵立法的范式转换与体系重构》,载《法学研究》2020年第3期。

性利益和公司的安定性利益处于相称状态。如此一来,既维护了因减资决议遭受不利益的股东,又维护了公司作为其商业利益最佳判断者的自治地位。同时,也有利于公司内部治理结构的优化,让部分不愿参与经营的股东有效退出公司的运营管理。其次,假定一概采取恢复原状,原本不愿再参与公司运营的股东被司法力量强制拉回公司,这对于公司的长远经营更为不利。实务中亦有判例作出柔性处理,①对于公司已经办理完减资的注册资本变更登记,并且还发生了股权转让的情形,因基于对交易安全的保护,法院在否定决议行为效力的同时又确认了不溯及既往的效力而非判决恢复原状。股东退出公司的原因多种多样,例如根据市场需求,公司闲置资金过多而减资、公司经营受阻,大股东想以此退出公司转嫁风险给中小股东;基于对赌协议的约定无法实现,通过减资退出公司等。这种不等比的实质性减资也具备一定的合理性,如公司预设注册资本过多而造成资本闲置,通过返还实际出资款将有限的资本及时投入其他更高利润的行业,既可以盈利,又可以优化公司资本结构。② 最后,即使公司的减资决议被判定为无效抑或不成立,为顾及交易安全、团体内部的稳定性,也应当阻断其溯及既往的效果。决议仅在侵害股东等决议主体之外的他人利益时才属具有特别严重瑕疵,而产生自始无效法律后果,③柔性法律后果更适合应对不等比减资所附带的缺憾。

受益股东并未履行清偿/担保程序,减资后股东确因减资行为受损,此时可主张损害赔偿救济,如果受益股东并未退出公司,受损股东也可享有退出公司的权利,④请求公司以合理价格回购其股权。自始无效的刚性做法违反比例原则,是典型的过度救济,民法上的损害赔偿请求权救济⑤足以填补股东所受损害,如此便可以平衡救济与组织内部安定的利益需求。同时,不等比减资决议也可能使公司结构发生重大变化而需要重新考虑其投资原则,此时应赋予异议股东退出权⑥,但是公司仅剩其一人的除外。此外,由于侵害股东程序性权利所造成的损害存在非可视性,难以举证证明,所以在股东退出公司时,还可以由受益股东对其进行一定的经济补偿。⑦

---

① 参见天津市滨海新区人民法院民事判决书,(2020)津 0116 号民初 10970 号。

② 参见刘斌、杜峤:《论我国公司减资制度的体系革新》,载王利明主编:《判解研究》(2021 年第 2 辑,总第 96 辑),人民法院出版社 2021 年版。

③ 参见丁勇:《公司决议瑕疵立法的范式转换与体系重构》,载《法学研究》2020 年第 3 期。

④ 参见李志刚:《公司股东大会决议问题研究:团体法的视角》,中国法制出版社 2012 年版,第 135 页。

⑤ 参见汪青松:《股东会决议程序性瑕疵的侵权与救济》,载《西南民族大学学报(人文社科版)》2020 年第 4 期。

⑥ 参见丁勇:《公司决议瑕疵立法的范式转换与体系重构》,载《法学研究》2020 年第 3 期。

⑦ 参见李磊:《公司决议瑕疵救济制度的功能反思与规则重构》,载《社会科学》2021 年第 8 期。

综上,只要减资决议所产生的后果不会使减资后的剩余异议股东遭受不利益,即使裁判否定决议效力也不应采取强制措施恢复原状。如果剩余异议股东遭受不利益,则该异议股东可以请求受益股东在其因减资行为而受损失范围之内承担连带责任或者选择退出公司经营。

(2)股东退出公司时投资款之返还需结合公司现时的经营状况和市场风险作出公允估价并且遵循公司弥补亏损、提取公积金之前置程序。通常情形下大股东通过不等比减资退出公司,其目的之一就是抽回原始投资款,由此带来的后果是公司、公司其他股东、外部债权人利益均受到不利影响。对此,笔者认为,如果股东非要以此渠道退出公司也并非不可。但是,股东不得按照投资时的价格抽回原始投资款,必须依据退出之时的公司资产状况进行公允估价,可以聘请会计师事务所、股权价值评估中介机构进行公正评估。

首先,股东对于公司的投资款一旦交付给公司就成为公司财产,公司作为独立法人拥有财产权,任由股东抽回原始投资款会做空公司,资本维持原则也难免被虚置。其次,股权的价值会随着市场波动和公司经营状况呈现动态平衡,如果在公司亏损的情形下仍然按照原始投资款的数额允许其退出,这意味着退出股东没有承担任何公司经营风险,违背了风险和收益相一致的原则。最后,公允估价的背后是公司法所追求的民主与效率价值的紧密结合,如此处理既不让退出股东因不法行为而获利,也不让其他利益主体莫名蒙受损失。需要特别注意的是,以作出决议的方式抽回原始投资款,而决议效力的合法性基础一旦被否定则可能涉嫌抽逃出资的民事责任,甚至是刑事责任。因此,公司独立法人财产的维护程序和决议程序的遵守不仅是对公司财产的维护,也是对于取回投资款的股东个人的保护,弥补公司亏损、提取公积金的程序必不可少。

3. 小结

通过上述规则的建构可以发现,肯定决议效力和否定决议效力两种形态下的救济措施存在大量的重合之处,因为利益受到减资决议影响的主体主要是剩余的异议股东和公司法人财产。对于外部第三人来说,在预设有效和否定情形中决议仅面向未来发生效力,其利益已经得到切实维护。所以弥补公司亏损、提取公积金、针对剩余异议股东和公司债务的清偿/担保、损害赔偿、剩余异议股东退出就成为核心的事前预防和事后救济措施。

五、结　语

公司减资是公司经营管理过程中,面对各种风险因素处置闲置资本的重要工具,也是中小股东合法退出公司的机制之一。在解释论层面,面对立法者所设想之外的不等比减资纠纷,裁判者既应当充分运用法律解释技术对其准确定性又应当重视商事法律规范所特有的商业逻辑。在裁判尺度的把握上尽量保持灵活性,综合案件的共性与个性作出合法、合理的裁判结果。在立法论层面,由于司法实践中决议纠纷疑难案例频出,所以公司决议制度的系统化柔性改造应成为公司治理机制改革的重要方向之一。

市场实务

INVESTOR

投资者问卷调查实证研究

耿中华*

摘　要：目前，随着资本市场的发展，及时、准确、有效了解投资者的关注点、态度、意见建议越来越重要。这就对实际工作提出了一定的要求：了解你的保护对象即投资者，特别是中小投资者变得越来越重要；真实地展现投资者真实的想法越来越重要；在有效性保证的前提下，以较低成本开展调查工作越来越重要。理论上，投资者调查依旧属于社会调查，依据的最主要工具是各类型问卷，通过对问卷所获的数据进行分析，进而获取相应的结论。但在对未知或模糊的信息具体化过程中，如何去转化需求、如何去分析获得的数据，一直是投资者调查的重难点。笔者认为，首先，本文介绍了社会调查问卷的主要分类——量表问卷和非量表问卷；其次，本文介绍了量表问卷和非量表问卷在获取数据后应该选择或者可以适用的数据处理方法、问卷分析步骤和分析模型；最后，本文以中证中小投资者服务中心每年都进行的投资者知权、行权、维权现状调查为案例进行实证分析，探究投资者在受到因虚假陈述带来的经济损失后，不可变的自身因素对投资者的维权选择是否有统计意义上的实际影响，探究问卷作答时长与投资者回答真实有效性之间的关系，探究作答激励对投资者问卷作答真实性的影响。

关键词：量表问卷　非量表问卷　投资者知权、行权、维权现状调查 SPSS

一、问卷分类

问卷是社会调查中用来收集资料的一种工具，问卷及问卷使用的历史最早可以追溯到19世纪。例如，马克思曾在研究工人阶级现状时，制作过一份工人调查表。

---

* 中证中小投资者服务中心调查监测部。

该表涵盖四个方面,包括近百个问题,马克思以此来全面了解工人的劳动、生活和思想状况。20 世纪以来,结构式的调查问卷被越来越多地使用,特别是在满足定量化需求方面。目前,调查问卷通常被定义成由一系列与研究目标有关的问题组成的问题集(questionnaire)。这些问题对实现调查目的至关重要,以需要调查的内容为依据设计而成,形式上多采用各种类型的题目,如单选、多选、跳转、量表、表格等,以了解、探究关注的内容,如态度、行为、事实现状、问题原因等,从而知道被调查对象身上存在什么、发生了什么。将调查、调查问卷与统计学上的抽样相结合可以在保证调查有效性的基础上降低人力、物力,提高时效性,因而已成为当前最主要的调查方式。调查问卷常常有不同的分类,但通常根据调查目的和问卷属性将问卷分为两大类,即量表问卷和非量表问题,而在二者中选择合适的问卷对于调查是否能达到目的至关重要。

(一)量表问卷

量表问卷相对在学术性研究中出现得较多,其特点是问卷本身相对会更多地包含可量化表示的题目和选项,既可以客观展现调查对象对于某事物的态度、看法等,又可以通过对各变量之间关系的研究,发现变量之间隐藏的逻辑关系。

量表问卷设计上一个特殊的、重要的点是把核心题设计为量表题,将关心或者需要研究的问题用量表展现出来,这样才可以将被调查者的回答转换成数字编码,再经过量化处理得到精确的分析结果,以反映出研究对象的倾向或某种结局。量表问卷从设计架构上来看,可以分为六个部分,依次为筛选问题、样本基本背景资料问题、数据特征资料问题、数据基本态度问题、核心研究变量问题以及其他题。量表问卷的六个部分在结构与结构之间是关联的,单一结构内部选项又是相互独立的,这样才能较为全面系统地展现关注的问题。

(二)非量表问卷

非量表问卷是针对某一主题或目的设定的一系列相关问题集合,可使用多种问题类型,如单选、多选、排序、填空、跳转等。

在问卷设计方面,非量表问卷除了要注意结构与结构之间的关联性、单一结构内部选项的相互独立性外,还要重点呈现出一份问卷从几个大的层级或维度出发,描述了几大主要的问题,并说明每个大的层级或维度又细分成几个小的层级或维度,以及相对应地需要被了解的问题,从而较为全面系统地展现关注的问题。

(三)量表问卷和非量表问卷的区别

非量表问卷与量表问卷最大的差异体现在四个方面:一是应用范围。由于非量表问卷更偏向于了解调查对象的态度和观点，呈现的是调查对象的一种事实情况，因此，非量表问卷的适用性相对更为广泛，可更多地用来对难以被量化的某种现状进行调查，如对股票市场投资者某些方面的实际现状、当下三胎政策对母婴市场的影响等进行调查。二是问卷设计。从问卷题目是否可以较多地直接设计成量表题的角度来看，量表问卷中的大量问题是可以直接设计成或转化成量表题的，非量表问卷只有少部分题目可以用量表表示。三是适用模型和方法。量表问卷可使用的模型和方法较多，可以更多地应用在学术研究上。非量表问卷对各种统计模型及复杂分析方法使用相对较少，因为各种模型成立的基础是大量的变量数据，而非量表问卷基于本身题目类型无法完全适用，因此在严格的探索性分析学术研究中，非量表问卷相对使用较少。四是问卷分析思路。量表问卷更多的是通过数据分析探究各个研究变量之间隐藏的关系，或者关系的强弱；非量表类问卷分析除了少部分与量表问卷重合外，更倾向于逻辑思路的展现。

二、量表类型

量表(scale)是一种测量工具，常用来分析人们的主观态度、意见或价值观念，通常由多个项目组成，以揭示不宜用直接方法测量的理论变量的实际水平。量表中涉及的所有问题都是为了集中获得对某一事物的评价，不同的需求对应不同的量表。下面简单介绍常用的量表。

(一)李克特量表

李克特量表(Likert scale)是最常用的量表，是由社会心理学家李克特 1932 年在总加量表的基础上改进而成。该量表由一组与某个主题相关的问题或陈述构成，通过计算量表中各题的总分，了解人们对该调查主题的综合态度或看法。常见的李克特量表是五级量表(对应五个选项)和七级量表(对应七个选项)等。其展现的态度范围是从一个极端到另一个极端，如“完全不同意”到“完全同意”。(见表 1)

表 1　李克特量表示例

项目	完全同意	同意	无所谓	不同意	完全不同意
价格太贵	5	4	3	2	1
质量很好	5	4	3	2	1
穿上很舒服	5	4	3	2	1
容易变形	1	2	3	4	5

续表

项目	完全同意	同意	无所谓	不同意	完全不同意
很难看	1	2	3	4	5
采用好的材质	5	4	3	2	1
设计太差	1	2	3	4	5
颜色太少	5	4	3	2	1
款式太少	1	2	3	4	5

(二)语义差异量表

语义差异量表(semantic differential scale)是一种态度量表,结构上是由两部分构成:第一部分是由一组极端的、反义的形容词组成,以圈定调查对象作出的评价上限和下限,如"非常好"与"非常不好"、"非常满意"与"非常不满意"。第二部分是在两个极端的形容词之间设置若干等级,被调查对象可以选出一个代表自己的观点或态度。语义差异量表可用来测量人们对某个事物、某一现象、某一观点的主观评价。(见表 2)

表 2 语义差异量表示例

请对您的任课老师做出评价 (请在下列空格处打"✓")								
8	7	6	5	4	3	2	1	0
有创见								无创见
知识广博								知识贫乏
拘谨								洒脱
精干								平庸
耐心								急躁
冷淡								热情
死板								灵活
认真								马虎
糊涂								聪明
羞怯								大胆
负责								不负责
有条理								没条理
细心								粗心
友好								不友好

注:0 ~ 8 为每项评价的分数。

（三）二分量表

二分量表（dichotomous scale）是对于极端表述的调查，通常是对两个相互排斥的项目进行回答。二分量表一般以“是”和“否”，或者“同意”和“不同意”形式出现，可以理解成是语义差异量表的一种极端简化。（见表3）

表3 二分量表示例

事项	是	否
1. 今天你是否忘记服药？	是	否
2. 过去一周你是否忘记服药？	是	否
3. 治疗期间，当你感觉身体不适时，你是否咨询过医生？	是	否

（四）等级顺序量表

等级顺序量表（ordinal scale）通常是用来对多个待了解者排序。等级顺序量表与其他量表最大的不同在于，该量表是将全部待了解对象同时展示给被调查者，并要求他们对这些对象排序或打分。例如，表4所示就是请被调查者对7个汽车品牌进行排名，每个品牌都会有相应的、唯一的序号，1代表“最不喜欢”，7表示“最喜欢”。

表4 等级顺序量表示例

品牌	排序
大众	
丰田	
特斯拉	
比亚迪	
沃尔沃	
奥迪	
雷克萨斯	

（五）加总量表

加总量表，也称古特曼量表，由路易斯·古特曼（Louis Guttmann）于1950年提出。该量表的特点是每一个量表都由一一对应的一组特定回答组成，从而避免出现最终得分相同但态度组成不同的现象，有利于提高区分精度，因此也被称为最难设计的量表。该量表的设计逻辑是如果调查对象接受了某个较强的问题，原则上就肯定会接受相对弱的问题，这样调查对象的答案就会出现较为明显的层级。

三、量表和非量表问卷分析步骤

(一)量表问卷分析步骤

在通过量表问卷获取数据后,需要对数据进行分析,然后得出相应的结论,所以对量表的分析实质就是对获取数据的分析。广义上讲,问卷的分析有九个步骤。常用的统计方法有频数分析、描述分析、探索性因子分析、信度分析、效度分析、验证性因子分析、回归分析、结构化方程、路径分析、方差分析、T 检验。(见图 1)

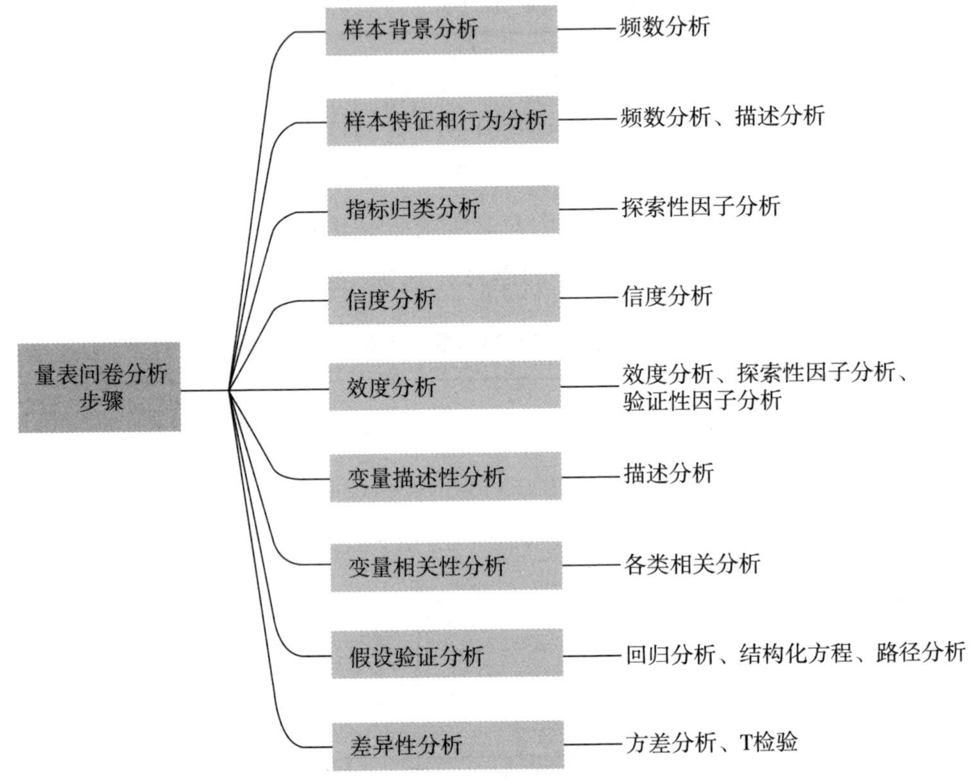

图 1　量表问卷分析步骤

按照问卷设计顺序和数据分析顺序,上述九个步骤是最完备的量表问卷分析步骤。但实操中,通常不会完全按照上述九个步骤逐步分析,因为只有弄清楚调查样本基本信息,才可以判断样本结果是否可信以及数据是否有效,进而研究变量之间的相关性,接下来才有可能建立模型以应用各种复杂的分析方法。其中,变量相关性分析、假设验证分析是量表问卷最核心的部分,也是将问卷设计成量表问卷的主要目的。

（二）非量表问卷分析步骤

相对于量表问卷，非量表问卷用到的复杂统计模型和数据处理方法相对较少，但分析思考框架基本类似。统计方法上，一般是通过频数分析去体现基本现状，使用交叉分析体现多因素的影响，使用卡方检验体现差异性，使用逻辑回归（Logistic 回归）分析体现多变量对单一因变量的影响。此外，非量表问卷调查结果在展现形式上相对多样，除了文字、数字描述外，还可以使用多种类型的图形和表格展现。（见图 2）

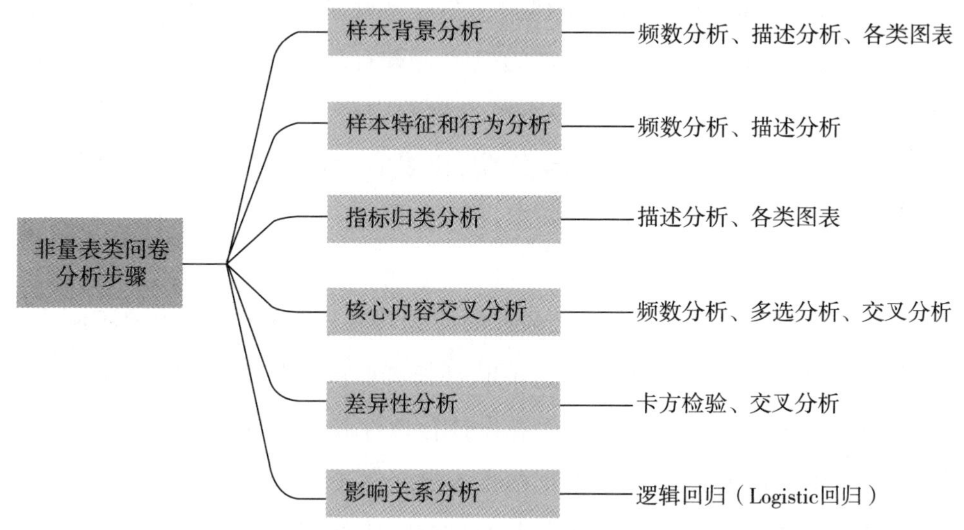

图 2　非量表问卷分析步骤

非量表问卷的样本背景分析、样本特征和行为分析、指标归类分析与量表问卷分析类似，其核心内容是交叉分析、差异性分析和影响关系分析。主要是通过这三种分析，展现变量自身不同维度和不同变量之间交互作用对核心问题的影响，以检验某种差异在统计上是否显著，辨别这种差异是普遍存在的还是偶发性的。

四、投资者知权、行权、维权现状调查实证研究

（一）投资者知权、行权、维权现状调查介绍

中证中小投资者服务中心为全面、持续了解 A 股投资者知权、行权、维权现状，切实提升投资者知权、行权、维权水平，更精准地服务投资者，保护其合法权益，自 2018 年以来已连续四年开展投资者知权、行权、维权现状调查。调查基于重点调查原理，

每年第四季度进行,调查时间持续一个月,主要采用线上作答的形式,辅以线下面访。调查重点聚焦在投资者权利知晓、基本权利行使、因虚假陈述受损及维权、接受过的投资者教育等方面,注重对投资者合法权益自我认知现状和自我评价的了解,以期进一步准确把握投资者对自身合法权益的自我认知和客观评价,并试图揭示投资者教育和投资者保护工作对投资者知权、行权、维权水平的影响,从而对下一阶段投资者保护工作提出针对性的建议。

对于投资者知权、行权、维权现状调查,从调查内容看,是调查投资者对《证券法》《公司法》等赋予自身的13项基本权利的主客观知晓现状、客观行使现状,因虚假陈述受损及相应的维权现状,以及接受过的投资者教育现状等。现状是一个综合的概念,既包含可量化的内容,也包含众多不可量化的内容。从现实条件看,调查对象所展现的现状背后,有很多原因目前尚未知晓,积累的素材往往也不足。因此,在设计时,将问卷设计成非量表问卷是此项调查最优选择。

(二)实证必要性

随着投资者知权、行权、维权现状调查的持续开展,调查涉及的内容不断丰富,涉及的投资者数不断增多,调查执行时间不断延长,问卷答题时间不断增长,慢慢出现了三个需要解决的新问题:一是面对问卷设计合理性和持续性的要求,问卷是否能真实反映投资者的真实想法和意愿;二是调查本身受制于经费限制,无法持续提供物质激励,调查问卷较多的题量降低了投资者参与或完成作答的积极性,在没有激励的情况下投资者作答是否依旧真实有效;三是面对调查能否对实际工作有指导意义的压力。本文对2018年至2021年的问卷进行了重新梳理,对回收的问卷数据进行了系统、全面和深入的分析——对外展现调查发现,体现投资者保护工作效果;对内通过数据深度分析,解决实际问题,重点优化投资者调查工作中的问卷设计、样本选取、成本控制等问题。

(三)实证分析内容

按前文介绍的非量表问卷分析步骤,非量表问卷分析涉及六部分。样本背景分析、样本特征和行为分析、指标归类分析、核心内容交叉分析、差异性分析五部分内容不在本次实证分析范围内,读者可参阅中证中小投资者服务中心发布的2018年、2019年、2020年和2021年投资者知权、行权、维权现状调查,报告中详细地展现了分析过程和结论,同时有针对性地提出了若干解决问题的思路。

本次实证分析重点在于探究不可变的自身因素对投资者的维权选择的影响、问卷作答时长与投资者回答真实有效性之间的关系、作答激励对投资者问卷作答真实性的影响三方面。对于影响关系分析,由于因变量属于二元变量,可采用 Logistic 回归分析。为了尽量消除样本量不同对结果的影响,使对比效果更准确,本文通过选取 2019 年、2021 年的投资者知权、行权、维权现状调查数据做实证对比研究,探究影响关系,其中 2019 年有效样本 12,116,2021 年有效样本 12,464。

(四)2019 年实证分析

本文涉及 10 个影响投资者准确做出维权意愿的自变量,分别为答题用时、地区、年龄、性别、教育背景、职业、是否金融从业、入市时间、入市资金、股票资金占家庭总资产之比(以下简称股票资金占比)。上述 10 个自变量,除答题用时以外,剩余的 9 个都是投资者自身的基本属性,是不可改变的。

1. 数据处理

进行 Logistic 回归分析前,需先将问卷结果进行数据化处理,本文通过赋值的形式进行数据化。数据赋值原则是:两项选择变量赋值 0 或者 1;多项选项中如果有时间顺序或者递增递减规律,则按时间顺序或增减规律赋值;投资者问卷作答时间以填写问卷实际耗时为依据;投资者遭受虚假陈述带来的损失后,愿意去维权赋值 1,不愿意去维权赋值 0。

2. 单变量分析

在变量研究中,通常除了研究单一自变量对因变量的影响,还需考虑自变量之间的交互影响,即使单个变量两两之间的相关性不一定会产生实际的影响。对于投资者知权、行权、维权现状调查,投资者最终作答的意愿是 10 个自变量综合影响后的结果,因此,10 个变量之间是否有相关性以及关联性的强弱,不是本次实证分析重点关注的内容。本次重点关注在投资者受到损失后,单个因素对维权选择是否有影响,10 个因素的叠加影响使投资者在问卷上反映出的信息是否是真实有效,以及推断投资者对问卷的可接受度。

本文通过 SPSS 软件,运用双变量相关性检验判断初始影响因素,结果见表 5。

表 5　2019 年变量两两之间的相关性

	变量	答题用时	地区	年龄	性别	教育背景	职业	金融从业人员	入市时间	入市资金	股票资金占比
维权选择	皮尔逊相关性	-.029**	.000	-.181**	.078**	.059**	.063**	.228**	-.041**	-.007	-.012
	Sig.(双尾)	.001	1.000	.000	.000	.000	.000	.000	.000	.453	.191
	个案数	12,116	12,116	12,116	12,116	12,116	12,116	12,116	12,116	12,116	12,116

注:**在 0.01 级别(双尾),相关性显著。
*在 0.05 级别(双尾),相关性显著。

通过相关性分析发现:维权意愿的真实表达与投资者的答题用时、年龄、性别、教育背景、职业、是否属于金融从业人员、入市时间、股票资金占家庭资产之比有相关性,与投资者的地区、入市资金无相关性。

3. 多变量叠加分析

进行单变量分析后,本文通过 SPSS 的 Logistic 回归模型验证多变量叠加后的综合作用,探究多因素对投资者回答真实性的影响,结果见表 6。

表 6　2019 年全变量 Logistic 回归检验

变量	B	标准误差	瓦尔德	自由度	显著性	Exp(B)
答题用时	.000	.000	12.257	1	.000	1.000
地区	-.001	.002	.355	1	.551	.999
年龄	-.409	.027	226.664	1	.000	.664
性别	.234	.050	22.111	1	.000	1.264
教育背景	.094	.027	11.932	1	.001	1.098
职业	.011	.010	1.226	1	.268	1.011
金融从业人员	1.124	.055	422.805	1	.000	3.078
入市时间	-.115	.019	35.130	1	.000	.891
入市资金	-.023	.022	1.083	1	.298	.977
股票资金占比	-.079	.026	9.561	1	.002	.924
常量	1.121	.223	25.310	1	.000	3.067

注:输入的变量有答题用时,地区,年龄,性别,教育背景,职业,金融从业人员,入市时间,入市资金,股票资金占比。

通过对 10 个变量的数据回归分析,可以发现地区、职业背景、入市资金这 3 个因素对投资者做出准确回答没有统计上的显著影响。虽然答题用时检测结果是显著的,但回归系数为 0,这说明实际上答题时间对投资者真实意愿反映没有实质影响。

但通过线下面访发现，投资者回答在“入市资金”这一类问题时，相对于单一地回答入市资金总额，往往不太愿意回答入市资金占家庭总资产的比例。其背后原因一方面可能是入市资金属于一个绝对数，在记忆和计算上更方便；另一方面可能是基于隐私的考虑，投资者希望保护自己的财富信息。为此，需要验证入市资金和股票资金占家庭总资产之比对最终回答结果的实际影响有多大区别，再结合投资者偏好做出最终保留谁的决断。

下面先进行保留股票资金占家庭总资产之比计算，而后进行保留入市资金计算，结果见表7。

表7　2019 年 Logistic 回归结果(保留股票资金占比)

变量	B	标准误差	瓦尔德	自由度	显著性	Exp(B)
年龄	-.396	.026	234.055	1	.000	.673
性别	.230	.049	21.695	1	.000	1.259
教育背景	.091	.026	12.122	1	.000	1.095
金融从业人员	1.097	.054	411.190	1	.000	2.995
入市时间	-.116	.019	36.854	1	.000	.891
股票资金占比	-.108	.020	27.907	1	.000	.898
常量	1.266	.196	41.618	1	.000	3.547

注：输入的变量有年龄，性别，教育背景，金融从业人员，入市时间，股票资金占比。

经计算发现，如果只保留股票资金占家庭总资产之比这个变量，回归模型有效，纳入模型的各变量全部显著，结果见表8。

表8　2019 年 Logistic 回归结果(保留入市资金)

变量	B	标准误差	瓦尔德	自由度	显著性	Exp(B)
年龄	-.401	.026	239.212	1	.000	.670
性别	.226	.049	20.812	1	.000	1.253
教育背景	.098	.027	13.526	1	.000	1.103
金融从业人员	1.066	.053	400.211	1	.000	2.905
入市时间	-.125	.019	42.143	1	.000	.882
入市资金	-.071	.018	16.047	1	.000	.931
常量	1.286	.197	42.562	1	.000	3.620

注：输入的变量有年龄，性别，教育背景，金融从业人员，入市时间，入市资金。

经计算发现，如果只保留入市资金这个变量，回归模型依旧有效，各变量依旧全部显著。

上述两个变量的计算结果显示,股票资金占家庭资产之比与入市资金这两个变量,各自都对投资者准确回答有显著影响,当两者合并出现时入市资金占家庭资产之比会更显著。因此,可以推断,当调查对象是广泛性的大众投资者或者对投资者资金敏感度不高时,基于问卷应该有的无差别接受性前提要求,应该选择入市资金这个绝对值指标。当调查对象是小部分的特殊群体或调查本身是对某一类群体的专享调查时,应该优先选择股票资金占家庭总资产之比这个相对指标。

4. 2019 年三权调查数据实证结论

通过全变量回归检测,再结合相关性分析可以发现:

第一,投资者的年龄、性别、教育背景、是否金融从业、入市时间、入市资金、股票资金占家庭总资产之比会对投资者的维权意愿产生统计意义上的显著影响。

第二,投资者的地区分布不会对维权意愿产生统计意义上的显著影响,即不同地域的投资者受到损失后,维权意愿没有显著差异。

第三,投资者答题用时也不会对投资者真实意愿的表达产生实际影响,不会对投资者真实意愿的表达产生统计意义上的显著影响。

(五)2021 年实证分析

2021 年投资者知权、行权、维权现状调查问卷相较于 2019 年做了一定的优化,一方面剔除了一些不显著的变量,另一方面对一些关心的变量进行了再次验证,从而将 10 个变量减少到 6 个变量,分别为答题用时、地区、年龄、教育背景、入市时间、入市资金。同时,增加了一个新的变量,风险承受等级(以下简称风险等级)。上述 7 个自变量,除了答题用时以外,剩余的 6 个都是投资者自身的基本属性,是不可改变的。

1. 数据处理

同 2019 年数据处理方法一样,本文通过赋值的形式对变量进行数据化。数据赋值原则是:两项选择变量赋值 0 或者 1;多项选项中如果有时间顺序或者递增递减规律,则按时间顺序或增减规律赋值;投资者问卷作答时间以填写问卷实际耗时为依据;投资者遭受虚假陈述带来的损失后,愿意去维权赋值 1,不愿意去维权赋值 0。

2. 单变量分析

此处研究与 2019 年类似,在变量研究中,通常除了研究单一自变量对因变量的影响,还需考虑自变量之间的交互影响,虽然单个变量两两之间的相关性不一定会产生实际的影响。对于投资者知权、行权、维权现状调查,投资者最终作答的意愿是 7

个自变量综合影响后的结果,因此,对于7个变量之间是否有相关性以及关联性的强弱,不是本次实证分析重点关注的内容。本次重点关注投资者在受到损失后,7个单因素对维权选择是否有影响,7个因素的叠加影响使投资者在问卷上反映出的信息是否真实有效,以及推断投资者对问卷的可接受度。

本文通过SPSS软件,运用双变量相关性检验判断初始影响因素,结果见表9。

表9 2021年双变量之间的相关性

变量		所用时间	省市	年龄	教育背景	入市时间	入市资金	风险承受等级
维权选择	皮尔逊相关性	-.128**	.013	-.115**	-.055**	-.058**	.073**	-.071**
	Sig.(双尾)	.000	.133	.000	.000	.000	.000	.000
	个案数	12,464	12,464	12,464	12,464	12,464	12,464	12,464

注:**在0.01级别(双尾),相关性显著。
*在0.05级别(双尾),相关性显著。

通过对7个变量相关性分析发现:维权意愿的真实表达与投资者的答题所用时间、投资者的年龄、投资者的教育背景、投资者的入市时间、投资者的入市资金、投资者的风险承受等级有相关性,与投资者的地区,即所在省市无相关性。

3.多变量叠加分析

进行单变量分析后,本文通过SPSS的Logistic回归模型验证多变量叠加后的综合作用,探究多因素对投资者回答真实性的影响,结果见表10。

表10 2021年全变量Logistic回归模型

变量	B	标准误差	瓦尔德	自由度	显著性	Exp(B)
答题用时	-.001	.000	205.926	1	.000	.999
年龄	-.234	.021	126.180	1	.000	.791
教育背景	-.237	.022	114.607	1	.000	.789
入市资金	.234	.018	167.622	1	.000	1.263
风险承受等级	-.168	.018	88.791	1	.000	.845
地区	.001	.001	.880	1	.348	1.001
常量	.997	.125	63.533	1	.000	2.710

注:输入的变量有答题用时、年龄、教育背景、入市资金、风险承受等级、地区。

通过回归模型验证,可以再次确认地区不同不会对投资者维权作答真实性产生显著影响。

剔除地区因素以后,再进行Logistic回归分析,回归模型依旧有效,纳入模型的各变量全部显著,结果见表 11。

表 11　2021 年变量 Logistic 回归模型(剔除地区因素)

变量	B	标准误差	瓦尔德	自由度	显著性	Exp(B)
答题用时	-.001	.000	206.303	1	.000	.999
年龄	-.234	.021	126.731	1	.000	.791
教育背景	-.238	.022	115.587	1	.000	.788
入市资金	.233	.018	166.808	1	.000	1.262
风险承受等级	-.169	.018	89.534	1	.000	.845
常量	1.055	.109	94.006	1	.000	2.871

注:输入的变量有答题用时、年龄、教育背景、入市资金、风险承受等级。

4.2021 年投资者知权、行权、维权现状调查数据实证结论

通过全变量回归检测,再结合相关性分析发现:

一是投资者的年龄、教育背景、入市资金、风险承受等级会对投资者的维权意愿产生统计意义上的显著影响,这与 2019 年的结论一致。

二是投资者的地区分布不会对维权意愿产生统计意义上的显著差别,即不同地域的投资者受到损失后,维权意愿没有显著差异,这与 2019 年的结论一致。

三是物质激励的消失的确使得答题时间对真实意愿的表达产生了一定影响。

2021 年之前投资者作答有一定的抽红包激励,目的是提升投资者参与作答的积极性,保证回答的准确性。2021 年开始,投资者调查工作取消了抽红包激励。通过 2021 年数据分析可以发现,红包激励的消失的确对投资者的真实作答有一定的影响——答题用时在回归方程中有 -0.01 的影响系数,即表示作答时间越长,投资者真实意愿表达越容易失真。但考虑到其影响效果仅为 1%,因此可以说实际上的影响微乎其微。

五、结论及建议

(一)实证结论

基于 2019 年和 2021 年的实证结果及对比,可以得出如下结论:

一是投资者的年龄、性别、教育背景、是否金融从业、入市时间、入市资金或股票资金占家庭总资产之比等因素会对投资者的维权意愿产生统计意义上的显著影响,

职业因素却不会。

二是地域因素的确是众多调查中需要重要考虑的因素,但对于投资者受损后的维权意愿而言,投资者的地区分布不同不会对维权意愿产生统计意义上的显著影响,即不同地域的投资者受到损失后,维权意愿没有显著差异。

三是当问卷题目较多、答题时间较长时,投资者答题用时会对投资者真实意愿的表达产生一定的影响。

四是对参与问卷作答的投资者给予一定的物质激励的确会保持或者提升投资者参与调查的积极性,但在调查问卷的内容和难度保持不变的情况下,物质激励对意愿的真实表现作用有限。

(二)优化建议

针对实证发现的若干问题,本文提出如下建议,以优化实际工作:

一是代表性投资者的选取上,实际工作中可能不需要特别关注投资者本身地域因素不同所带来的差异。例如,对于维权适格投资者的选取,考虑到各地区投资者的维权意愿没有本质差异,在投资者数量及其他因素分布均匀情况下,即使投资者的地域分布上不能达到均匀,筛选的投资者代表依旧具有较强的代表性。

二是调查理论的选用上,重点调查理论、典型调查理论可更多地被采用。对于证券市场投资者调查,考虑到投资者在分布区域上的非均匀性,不会对结果产生统计意义上的显著差距,那么基于投资者聚集属性这一前提,实际工作中选用重点调查理论、典型调查理论,并且保证覆盖主要区域投资者的前提下,尽量多地覆盖非重点区域,是可以保证调查的有效性、提升调查的时效性、节省调查所需的人力和物力的。

三是当需要研究上述变量对投资者某种态度、某种意愿、某类现状的影响大小时,需要对上述有影响变量的使用进行细化分类,如果仅仅关注某一个或者一类因素是否对某个结构存在影响而不关注影响程度,就可在保留该因素的前提下做简单化处理。例如,可以将“投资者年龄段”划分简单化,只采用区间表示(30~35岁),缩短问卷答题难度和时间,反之则需要细化填写(你的年龄是____?)。

四是当面对不同类型投资者或者调查本身涉及范围不同时,同类指标不同类型变量的选取需要多加注意。例如,股票资金占家庭资产之比与入市资金这两个变量,各自都对投资者准确回答有显著影响,当两者合并出现时入市资金占家庭资产之比会更显著。因此,当调查的对象是广泛性的大众投资者或者对投资者资金敏感度不高时,基于问卷应该有的无差别接受性前提要求,应该选择入市资金这个绝对值指标。当调查涉及的对象是小部分的特殊群体或调查本身是对某一类群体的专项调查时,应该优先选择股票资金占家庭总资产之比这个相对指标。这些措施可以在保证问卷有效性的前提下,优化问卷结构设计,减少投资者作答难度,提升投资者作答可接受度,对投资者调查工作具有较强的现实指导意义。

五是若某项调查受制于经费限制,为保证调查的有效性,应尽量做到样本数量的最低性要求。2019年的投资者调查为了提升投资者作答积极性,提供了一定的物质激励。实证发现,有了物质激励这一外部条件,投资者作答时间对投资者作答有效性没有统计意义上的实际影响。2021年问卷在整体结构上未做变动,主体调查内容也未做大的改变,多在表述上做了优化,部分内容还做了精减和难度的降低。外部控制条件上,仅是取消了对参与作答者给予一定的物质激励。问卷依旧分为四大部分,除第一部分需要全部作答外,其余三部分根据情况选择作答。问卷包含65题,总字数约为6000字,按照人均每分钟阅读速度500字计算,粗略估计答完问卷最长需要12分钟。2021年投资者调查未向投资者提供作答激励。实证发现,投资者作答时间对结果的有效性在统计上有1%的负向影响,表明作答用时越长,作答精准度越低,但其影响程度很低。而且,2019年和2021年最终获取的可用于分析的样本数量相当接近。由此本文推断,在证券市场投资者调查这一实际工作中,给予参与作答的投资者一定的激励,的确有利于投资者更加准确表达自己的真实意愿,但作用不是太大,在保持样本量的前提下,无激励调查的有效性仍然可以保证。这一发现对节省调查的人力和物力有一定的指导意义,特别是经费紧张的调查。

法律服务中心损失测算业务发展研究报告

唐茂军* 余鲁佳**

摘 要：损失测算服务是我国证券虚假陈述纠纷司法实践近年来新出现的业态，在补齐证券投资者保护制度短板、优化营商环境等方面发挥着越来越重要的作用。法律服务中心损失测算业务定位于公益性专业咨询服务，该业务经三年多的飞速发展，业务规模逐年扩大，在司法实践中产生了较大影响力。本文对损失测算市场现状进行了深入分析，全面总结了法律服务中心损失测算业务发展经验，以及面临的困难挑战，最后结合中心实际提出了业务发展规划。

关键词：法律服务中心 损失测算 业务发展研究

损失测算，是指损失测算机构接受人民法院等主体委托，运用专业损失计算系统和专门知识，分析、测算投资者损失，出具专业意见的活动。损失测算业务是我国证券虚假陈述司法实践近年来新出现的业态，在高效计算投资者损失、统一裁判标准、降低投资者维权成本、补齐投资者保护制度短板等方面发挥着越来越重要的作用。

中证资本市场法律服务中心（以下简称法律服务中心）损失测算业务自2019年年创立，发展至2022年9月已逾3年，其在不断探索与创新中发展壮大，并在司法实践中产生了较大影响力。同时，随着司法实践的不断发展，对损失测算服务的需求更加迫切，也使损失测算业务面临新的挑战。本文对损失测算市场现状进行了深入分析，全面总结法律服务中心损失测算业务发展经验，以及面临的困难挑战，提出了业务发展规划。

---

* 中证资本市场法律服务中心损失测算部总监。

** 中证资本市场法律服务中心损失测算部员工。

一、损失测算市场发展现状

(一)损失测算业务制度依据

就损失测算市场而言,其在总体上仍处于探索发展阶段,在资质准入、业务开展等方面尚无国家层面明确的制度依据,但在损失计算方法、跨部门协作方面有一些规定。

1. 法律法规层面

目前,我国尚无法律法规对损失测算业务展业作出专门性规定。《最高人民法院关于审理证券市场虚假陈述侵权民事赔偿案件的若干规定》(法释〔2022〕2号,以下简称《虚假陈述司法解释》)从民事赔偿角度对虚假陈述损失计算方法等进行了规定,例如因果关系成立(不成立)条件、损害赔偿范围、投资差额损失、系统风险及其他因素扣除原则等,但未涉及委托专业机构测算损失方面。

2. 规章规范性文件层面

目前尚无规章规范性文件对损失测算业务展业作出专门性规定,但有规范性文件从跨部门协作的角度提及投资者保护机构可根据人民法院请求提供损失计算支持。例如,中国证监会《关于做好投资者保护机构参加证券纠纷特别代表人诉讼相关工作的通知》(证监发〔2020〕67号)规定:"中国结算、证券交易所、投资者保护机构等可以根据自身职能,按照司法协助程序积极配合人民法院在特别代表人诉讼过程中的相关工作,在证据核查、损失计算及赔偿金分配等方面提供支持配合。"

最高人民法院、中国证券监督管理委员会《关于适用〈最高人民法院关于审理证券市场虚假陈述侵权民事赔偿案件的若干规定〉有关问题的通知》(法〔2022〕23号,以下简称《适用虚假陈述司法解释的通知》)第4条规定:"案件审理过程中,人民法院可以就诉争虚假陈述行为违反信息披露义务规定情况、对证券交易价格的影响、损失计算等专业问题征求中国证监会或者相关派出机构、证券交易场所、证券业自律管理组织、投资者保护机构等单位的意见。征求意见的时间,不计入案件审理期限。"该联合通知具有较高效力,虽未对损失测算业务开展作出规定,但首次涉及了损失测算的性质,即损失测算意见(结论)属于中国证监会及系统单位对人民法院损失计算专业问题征求意见的回复,也即通常意义上的"专业咨询意见",其并无法律效力,仅供法院参考使用。

3. 内部制度方面

法律服务中心高度重视业务的制度建设，在业内率先制定了《中证资本市场法律服务中心损失测算业务规则（试行）》（以下简称《损失测算业务规则》）。该规则作为业务制度依据，在业务性质与定位、业务受理与实施、工作纪律等方面作出了具体规定，将损失测算业务定位为公益、不收费的专业咨询服务，损失测算意见仅供委托人参考，损失测算人员不出庭。

（二）损失测算市场概况

1. 损失测算机构

目前，市场上明确开展损失测算业务的机构主要有 4 家：法律服务中心、中国证券投资者保护基金有限责任公司（以下简称投保基金）、上海交通大学上海高级金融研究院（以下简称交大高金）、深圳价值在线信息科技股份有限公司（以下简称价值在线）。这 4 家机构的主要服务领域为证券虚假陈述案件的投资者损失测算，但在机构性质、业务模式、收费、算法等方面存在较大差异，具体见表 1。

表 1　损失测算机构比较

机构名称	机构性质	业务模式	业务资质	是否收费	主要算法
法律服务中心	证监会下属机构	受委托，出具损失测算意见	无	否	投资差额损失 + 系统风险扣除
投保基金	证监会下属机构	受委托，出具损失测算意见	无	否	投资差额损失 + 系统风险扣除
交大高金	上海交通大学二级学院	受委托，出具损失测算意见	无	是	投资差额损失 + 系统风险扣除 + 非系统风险扣除
价值在线	民营企业	受委托，出具损失测算意见	无	是	投资差额损失 + 系统风险扣除 + 非系统风险扣除

总体而言，上述 4 家机构的算法差异主要集中在系统风险及非系统风险等因素的扣除方面。各机构基于对《虚假陈述司法解释》、证券市场理论的理解，以及对司法实践的经验总结，研发出各具特色的损失测算方法，未违反《虚假陈述司法解释》的精神，一定程度上满足了司法实践的多元化需求。

2. 损失测算机构市场份额

笔者从中国裁判文书网检索了 2019 年以来的证券虚假陈述纠纷案件民事判决

书,以被告上市公司数为准,共有案件 87 起,其中 30 起案件的判决书涉及委托损失测算机构测算损失,这其中有 4 起案件均委托两家损失测算机构。为便于统计,将同时委托两家损失测算机构的案件数定为 2,由此得出统计基数 34 起:其中委托法律服务中心 22 起,占比 64.71%;委托交大高金 8 起,占比 23.53%;委托投保基金 3 起,占比 8.82%,委托价值在线 1 起,占比 2.94%。可见,目前法律服务中心在损失测算市场占有较高的市场份额,具体见图 1。

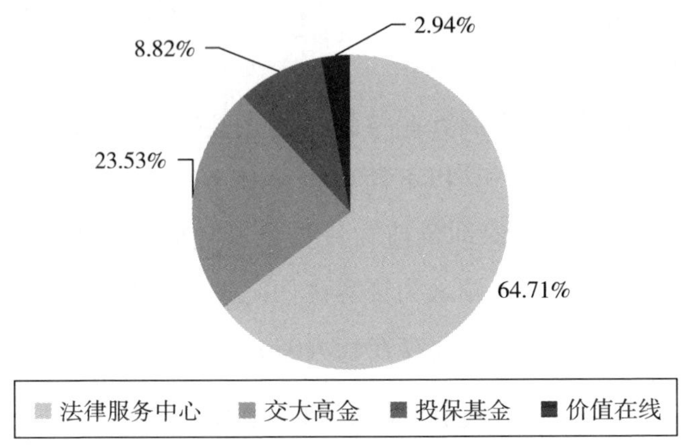

图 1 损失测算机构市场份额情况(裁判文书网口径)

需要说明的是,中国裁判文书网公示的判决书数量并不完整,统计结论仅供参考:一是有些法院存在判决书未上网或延迟上网公示的情况;二是有些由损失测算机构测算损失的案件因判决未生效而尚未上网公示。此外,还有大量委托损失测算机构测算损失的案件处于一审阶段。就法律服务中心而言,其已受理的案件数远多于中国裁判文书网公示的案件数。

二、法律服务中心损失测算业务开展情况

(一)损失计算软件简介

法律服务中心自主研发的证券虚假陈述投资者损失计算软件于 2019 年投入运行,目前已升级至 2.0 版本。该软件已取得国家版权局颁发的《计算机软件著作权登记证书》,且先后荣获 2019 年度上海金融创新奖提名奖、“奋斗杯”上海市青年金融业务创新大赛二等奖。

（二）业务开展成果

1. 损失测算数据

截至2022年9月，法律服务中心累计受理全国30家主体的损失测算委托（其中人民法院28家，仲裁委员会等其他主体2家），涉及上市公司虚假陈述案件63起，累计受理损失测算委托300余批次，测算投资者4万人次，测算损失57亿余元。此外，2022年新增委托法院达6家，新增案件数达18起。

三年来，法律服务中心还为中证中小投资者服务中心在证券特别代表人诉讼的案件筛选、评估阶段提供多轮次的损失测算与数据分析服务，为案件评估提供了关键数据支持。

2. 合作创新，发挥示范引领作用

法律服务中心积极与人民法院开展业务合作，创新维权模式。其与上海金融法院在全国首例示范判决方正科技案中，共同开创了“损失测算＋示范判决＋诉调对接”新维权模式，产生了极大的示范引领作用，该案被评为“2019年度人民法院十大民事行政及国家赔偿案件”；在全国首例判决的证券普通代表人诉讼飞乐音响案中，其为数百名投资者提供损失测算服务，有力推动了证券法下代表人诉讼制度的及早落地。

法律服务中心探索建立的规范业务模式也产生了积极的示范作用，《损失测算业务规则》、损失测算意见书格式体例被其他损失测算机构借鉴。

3. 业内首制损失测算业务规则，业务开展有依据

2021年，法律服务中心在业内率先制定了《损失测算业务规则》。该业务规则明确了损失测算的定义、定位，对业务委托、受理、实施等全流程进行规范化管理，为该业务的长远发展提供了制度保障。

4. 专业服务铸就良好口碑

专业的服务态度铸就了法律服务中心损失测算业务的良好口碑。2022年9月，已收到成都市中级人民法院等5家法院发来的感谢函，其感谢法律服务中心为证券群体性纠纷案件审理提供了损失测算的有力支持，并对法律服务中心工作人员尽职尽责的服务态度给予褒扬。

（三）损失测算业务优势

法律服务中心损失测算业务所取得的成绩来之不易，是多种因素共同作用的结果。根据市场调研及司法判例等实践情况反馈，市场普遍认为法律服务中心有以下

优势:

一是其是具有官方背景的公益性机构,有公信力;二是其算法模型透明、稳定,不存在主观操控可能性;三是其业务流程规范,保质高效,服务态度好;四是其不收费,既显著降低了投资者的维权成本,也有利于保持独立性。

(四)损失测算数据分析

1. 业务覆盖全国大部分区域,"北上广深"等发达地区是业务重要来源

委托法院遍布全国大部分地区,北至黑龙江,东至上海、福建,南至深圳、广西、云南,西至青海。在法院层级上,已有上海市高级人民法院、四川省高级人民法院、广东省高级人民法院、湖南省高级人民法院4家省高级人民法院,上海金融法院、北京金融法院2家专门人民法院,22家中级人民法院与法律服务中心建立了损失测算业务委托关系,具体见表2。

上海金融法院、深圳市中级人民法院、广州市中级人民法院、成都市中级人民法院等发达地区法院,在案件数、测算投资者人数、测损金额等指标方面处于前列,是业务重要来源。

在28家委托法院中,与法律服务中心(投服中心)签订过诉调对接协议的法院共18家,占比64.29%。

表2 法律服务中心受理人民法院损失测算委托情况统计(数据截至2022年9月)

序号	委托法院	案件数	批次数	测算人次	测损/万元
1	上海金融法院	7	85	5374	57,061.65
2	深圳市中级人民法院	6	27	4474	89,629.81
3	广州市中级人民法院	6	11	704	5625.66
4	成都市中级人民法院	4	21	9064	101,478.55
5	北京金融法院	4	5	689	6066.67
6	宁波市中级人民法院	4	8	257	1650.89
7	福州市中级人民法院	3	19	1165	62,089.39
8	青岛市中级人民法院	3	42	1166	11,063.73
9	北京市第三中级人民法院	3	5	533	3978.42
10	昆明市中级人民法院	2	7	1593	27,776.55
11	西安市中级人民法院	2	6	2719	31,355.28
12	哈尔滨市中级人民法院	2	8	1584	12,867.51

续表

序号	委托法院	案件数	批次数	测算人次	测损/万元
13	南宁市中级人民法院	2	2	306	1102.89
14	上海市高级人民法院	2	4	205	3886.80
15	郑州市中级人民法院	2	5	806	12.38
16	沈阳市中级人民法院	1	19	4296	74,456.43
17	重庆市第三中级人民法院	1	7	1736	25,998.66
18	石家庄市中级人民法院	1	6	1222	10,705.23
19	西宁市中级人民法院	1	9	335	4794.06
20	广东省高级人民法院	1	4	243	22,729.66
21	厦门市中级人民法院	1	6	317	7449.34
22	四川省高级人民法院	1	1	226	1025.08
23	湖南省高级人民法院	1	2	136	1205.10
24	衡阳市中级人民法院	1	1	96	4723.32
25	汕头市中级人民法院	1	1	44	1793.51
26	南京市中级人民法院	1	1	5	13.02
27	大连市中级人民法院	1	1	3	23.02
28	合肥市中级人民法院	1	1	2	253.18
合计		62	314	39,300	570,815.79

注:1.案件数以涉案上市公司数为准,但有3起案件存在省高级人民法院和中级人民法院同时委托的情况,为避免重复统计,表中将总案件数去重统计。

2.因绝大多数委托法院及案件存在跨年度多批次委托情况,故法院数和案件数不等于其历年数量的简单相加,需去重。

2.法院数、案件数及委托人数等指标连年高速增长

2019~2020年、2020~2021年,委托法院数年增长率分别达44%、38%;受理案件数年增长率分别达29%、72%;委托投资者人数年增长率分别达152%、124%;测算损失金额年增长率分别达315%、58%,具体见图2、图3。

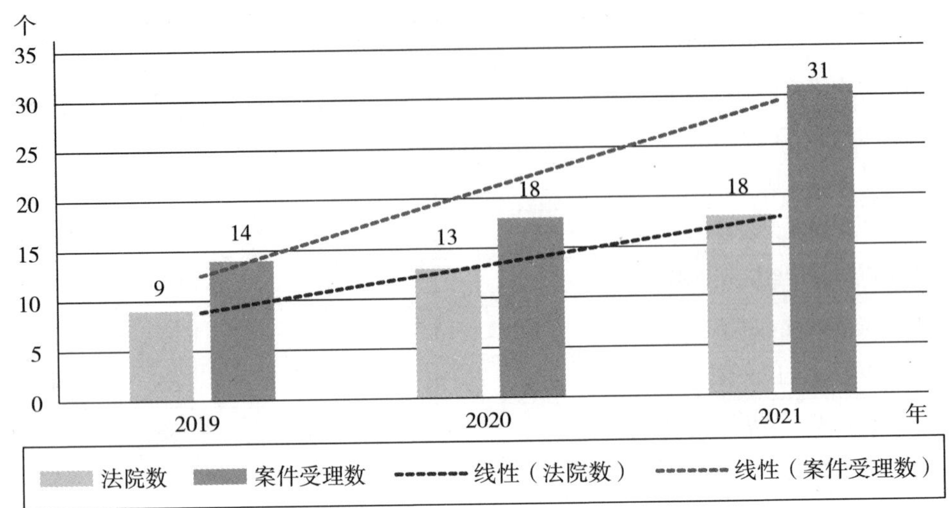

图 2　2019～2021 年委托法院及案件受理情况

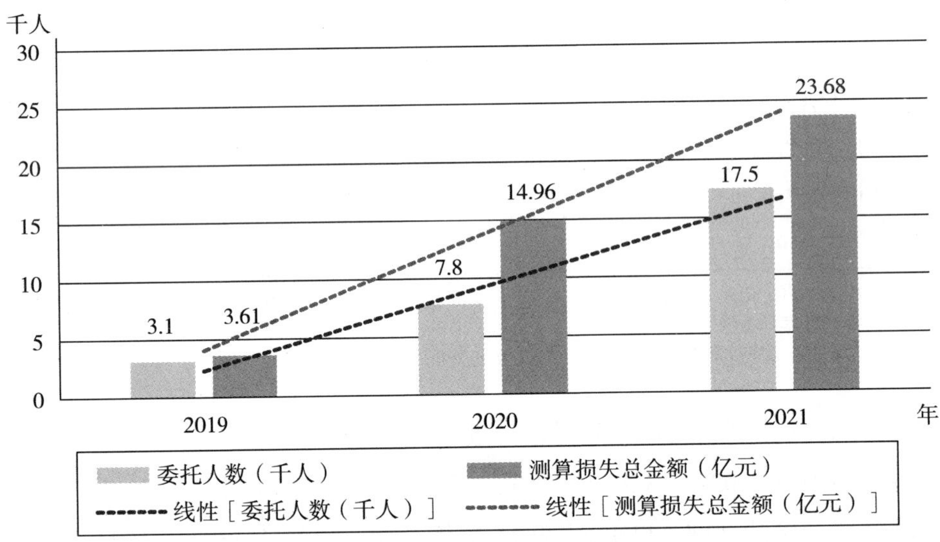

图 3　2019～2021 年委托人数及测算损失情况

3. 受理批次、委托人数总体呈逐年逐月增长趋势

首先，从每年的年初至年末，月受理案件批次数、委托人数指标总体上呈现出上升趋势；其次，月受理案件批次数、委托人数指标同比总体保持增长态势；最后，下半年案件受理批次数、委托人数指标显著高于上半年，其中每年年中、年末是两个高峰期，具体见图 4、图 5。

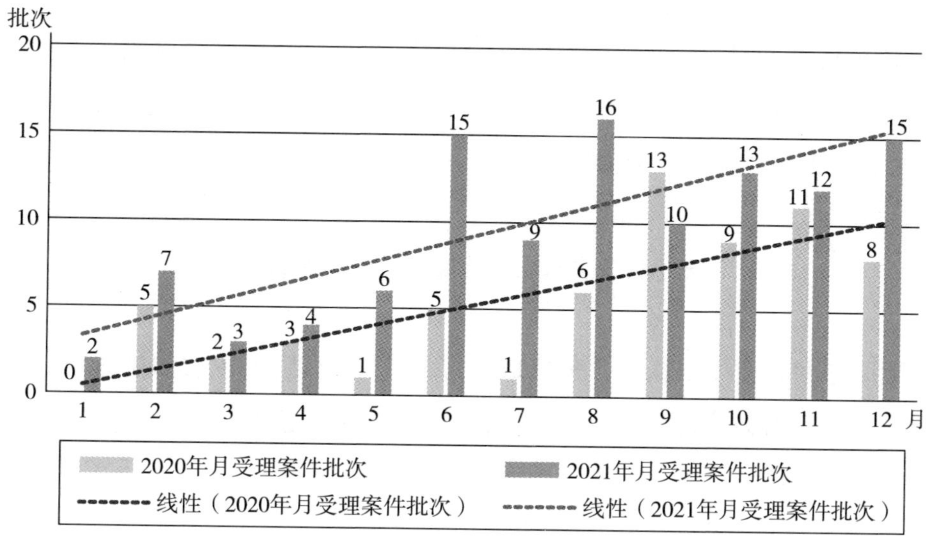

图 4　2020～2021 年月受理案件批次情况

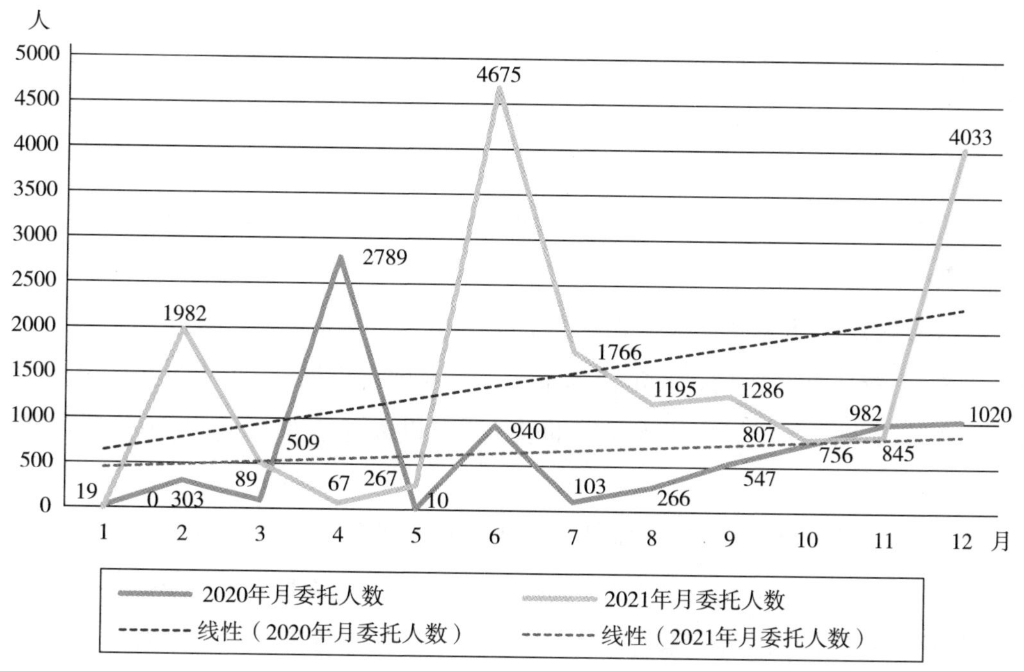

图 5　2020～2021 年月委托人数情况

4. 损失测算意见被法院采纳比例较高

2019～2021 年，在法律服务中心提供损失测算的案件中，除部分案件尚未作出判决等情况外，在已作出判决的 31 起案件（通过跟踪调查统计）中，有 27 起案件判决采纳了法律服务中心出具的损失测算意见，采纳比例达 87%。

5. 助力中心打造“一站式”纠纷化解平台初具成效

截至 2022 年 9 月,已有大连市中级人民法院等 8 家法院就獐子岛等 8 起证券虚假陈述纠纷案件同时委托法律服务中心进行损失测算和纠纷调解,为打造法律服务中心“一站式”纠纷化解平台提供了有力支持。

三、损失测算业务面临的主要困难

法律服务中心损失测算业务虽然取得了一定的成绩,但也要清醒地认识到其在业务发展方面还面临较大困难,主要包括损失测算业务定位认识分歧、快速发展变化的司法实践新形势等方面。

(一)损失测算业务定位认识分歧

我国现行法律制度尚未明确损失测算业务的定位及性质。作为新出现的业态,各损失测算机构基于自身定位建立了不尽相同的服务模式,人民法院及当事人等主体根据损失测算业务服务模式等表征,对该业务的定位产生了不同的认识,这种认识分歧不仅给司法带来困惑,也使损失测算机构在诉讼中的地位、风险责任面临不确定性。

从司法实践来看,大多数观点将损失测算业务定位为专业咨询服务,其他不同认识属于少数。

1. 大多数观点认为损失测算业务属于第三方专业咨询服务

首先,各损失测算机构自我定位为第三方专业咨询机构,其在业务开展过程中向委托人声明损失测算意见作为专业咨询意见,仅供委托人参考使用,不作为结论性判断。

其次,绝大多数人民法院、律师认为损失测算意见属于第三方专业咨询意见。损失测算意见不具有证据属性,仅供参考使用,有可能不被人民法院采纳;人民法院若要采纳,必须在判决书中结合案情,对损失测算意见进行充分说理、释明,证明算法科学、公平、合理。在山东墨龙案、中兵红箭案等众多案例中均体现了这样的观点。

再次,从《适用虚假陈述司法解释的通知》中可以推定,最高人民法院将投资者保护机构出具的损失测算意见作为专业咨询意见对待。

最后,根据现行法律制度,除从事证券投资咨询等特定领域的业务需要依法取得资质外,从事其他领域的专业咨询服务无须取得资质。因此将损失测算业务定位为专业咨询服务不违反现行法律制度。

2. 有观点将损失测算业务参照鉴定业务对待

虽然目前尚无明文规定或司法判例将损失测算意见认定为鉴定意见，但由于出具损失测算意见的行为模式从表象上看与鉴定行为有一定相似性，有个别法院、当事人将损失测算意见参照鉴定意见对待，并援引《民事诉讼法》关于申请鉴定的相关规定，要求损失测算人员承担出庭对质等鉴定人义务。

然而，当前损失测算机构、损失测算人员均无鉴定资质。依据我国司法鉴定管理规定，损失测算业务并不在法定鉴定事项范围内，损失测算机构、损失测算人员也不可能取得所谓的鉴定资质。因此，将损失测算业务参照鉴定业务对待，于法无据，亦不符合业务初衷。

3. 有观点将损失测算人员看作"专家辅助人"

有极个别法院认为，损失测算人员属于我国民事诉讼法所规定的"有专门知识的人"，俗称"专家辅助人"：即在科学、技术以及其他专业知识方面具有特殊的专门知识或者经验的人。通常认为，专家辅助人的选任条件较高，甚至高于司法鉴定人的条件。

笔者认为，损失测算人员不属于专家辅助人，且其与专家辅助人区别迥异：(1)损失测算人员无独立性，一般受所在机构指派并代表机构从事损失测算活动，其行为后果由该机构承担，而专家辅助人具有独立性，独立发表意见；(2)损失测算主要由人民法院依当事人申请，或依职权委托，损失测算意见中立性较强，但专家辅助人由当事人各自出资申请，其发表的意见视为当事人陈述，中立性较差；(3)一般而言，损失测算人员的社会地位、声望等不如专家辅助人。

4. 有观点将损失测算业务看作证券业务评估

这种观点也是值得商榷的。根据财政部、证监会《关于从事证券期货相关业务的资产评估机构有关管理问题的通知》(已失效)的规定，资产评估机构从事证券业务，应当按照本通知规定取得证券、期货相关业务评估资格(以下简称证券评估资格)。由上述规定可知，从事证券业务评估首先要具备资产评估机构资质，再依法取得证券评估资格。目前所有损失测算机构均未取得证券评估资格。

(二)快速发展变化的司法实践新形势

一是证券侵权民事赔偿相关司法解释不断完善，针对各类侵权行为的损失计算标准逐渐得到明确，例如《虚假陈述司法解释》不仅修正了基准日的计算规则，明确了机构等多账户投资者的损失计算方法,而且新增了诱空型虚假陈述算法;二是随着司法改革的深入推进,案件审理向精细化、专业化发展,市场风险因素扣除要求越来越精准,债券虚假陈述、操纵市场等民事赔偿案件逐年增多,亟待损失测算机构发挥更大的专业性作用。

在上述形势背景下,法律服务中心损失测算业务的规模逐年快速增长,给该业务带来较大的压力和挑战。据统计,损失测算业务案件受理量、测算人次等指标年均增长超过 50% 以上,部分指标增幅达 100% 以上。尽管损失计算系统的运算效率在不断提高,但是损失测算工作绝非仅仅将交易数据导入计算系统这么简单。损失测算业务具有"委托批次多,批次人数少,退回补正比例高、沟通成本大"的特点,其中"退回补正"主要涉及委托人提供的交易数据不完整、不符合格式要求,或者委托书格式不符合要求等问题。在日常工作中,业务受理、实施环节的申请委托资料(数据)审核、问题反馈、沟通解释、疑难问题处理、回复当事人质证意见等大量工作仍依赖人工完成。

快速发展变化的司法实践新形势在市场各损失测算机构的专业能力建设、人力资源配置等方面都提出了更高的要求。

四、损失测算业务发展规划

(一)坚持损失测算专业咨询服务定位

法律服务中心坚持损失测算专业咨询服务定位,这既是创立损失测算业务的初衷,也有充分的制度依据和实践依据,是该业务可持续发展的保障。

1. 制度依据

首先,目前国家尚未明文规定损失测算业务的定位,将该业务定位为专业咨询服务不违反现行法律制度;其次,从《适用虚假陈述司法解释的通知》可推定,最高人民法院将损失测算意见定性为专业咨询意见;最后,法律服务中心《损失测算业务规则》明确将该业务定位为公益性的专业咨询服务。

2. 实践依据

如前文所述,在司法实践中,将损失测算定位为专业咨询服务已取得大多数共识。损失测算方法由委托人在委托书中指定,测算意见仅供委托人参考,不作结论性判断,允许当事人质证,最终由法院独立判断后决定是否采纳。

综上,法律服务中心将坚持损失测算业务专业咨询服务定位和公益属性,在力所能及条件下“把好事办好”。

(二)整合资源,加强前沿理论研究

法律服务中心将整合、利用现有一切资源,增强理论研究力量。一是整合中心青年骨干资源,成立理论研究小组,以专项课题等方式开展损失测算业务前沿理论研究,为业务拓展奠定理论基础。二是用好外部资源,发挥专家参谋作用,对于业务发展中的重大疑难复杂问题和前沿理论问题,可向司法机关、中国证监会相关单位、证券服务机构等的专业人士获取专业意见。

(三)循序渐进,推动损失计算软件算法功能不断升级

随着司法实践的不断发展,法律服务中心损失计算软件也将与时俱进,不断升级算法,完善功能。从长远来看,要加强对司法实践迫切需求的侵权行为损失计算模型的研究,在充分论证、条件成熟的基础上,推动损失计算软件技术升级,逐步扩大损失测算业务的受理案件范围,更好地服务投资者保护大格局。预计 2023 年将着手损失计算软件 3.0 版本的升级开发工作。

(四)积极呼吁,完善损失测算行业顶层制度建设

完善顶层制度建设,是行业健康有序发展的保障。应积极呼吁相关职能部门制定损失测算业务开展指导意见,明确业务定位、业务实施、业务合作交流等重要事项,促进行业规范化发展。

I 投教园地

INVESTOR

创新竞进　打造特色投教

程　伟[*]　杨　飞[**]　谌洪建[***]

摘　要:投教是一项以提升国民金融素质为目标的公益性服务,此项工作的开展不能单纯依靠一家公司或一个群体,而是需要各市场主体间广泛深度合作,资源共享,形成合力,共同促进投教事业进步。投教发展离不开创新,如何将枯燥的内容变为深度体验,将晦涩难懂的金融理论与紧贴生活的案例相结合,让投资者对所投资的标的有更多直观感受,是投教工作的目标之一。广发期货正不断通过观念创新、内容创新、形式创新等方式,提升投资者的获得感,扩大投资者教育覆盖面,旨在为培育理性成熟的投资者队伍,维护资本市场健康稳定发展贡献一份力量。

关键词:广发期货　投教合力　创新竞进

加强投资者教育,维护投资者合法权益是金融机构义不容辞的职责使命。我国拥有全球规模最大、交易最活跃的投资群体,投资者数量规模超2亿,其中中小投资者占比达9成以上,但中小投资者处于弱势地位,抗风险能力和自我保护能力较弱,因此维护中小投资者的合法权益是金融机构不可推卸的责任,是资本市场持续健康发展的基石。作为中国期货行业较早成立的公司之一,广发期货有限公司(以下简称广发期货)深入践行投资者教育创新,创建互联网投资者教育基地(以下简称广发期货投教基地),通过观念创新、内容创新、形式创新等方式,不断扩大投资者教育覆盖面,为培育理性成熟的投资者队伍,维护资本市场健康稳定发展贡献力量。

---

* 广发期货有限公司客户服务中心。
** 广发期货有限公司客户服务中心。
*** 广发期货有限公司客户服务中心。

广发期货投教基地成立于2017年5月,是目前广东省唯一一家期货投教基地,面向社会公众免费开放,致力于打造专业性、实用性、特色性和公益性为一体的互动交流教育平台。广发期货投教基地网站(http://edu.gfqh.cn/)设有四大板块,涵盖短视频、动画、广播剧、每日一闻、漫画、长图、期货小游戏等,形式丰富多彩,内容寓教于乐,截至2022年11月,网站累计访问量突破160万。除此之外,广发期货不断拓宽投教渠道,微信小程序、微信视频号、微信公众号、哔哩哔哩、抖音号、手机APP等平台多管齐下,有效提升了投资者教育的覆盖面。广发期货投教基地是"投资者教育+新媒体"道路上的一次成功实践,也是广发期货打造互动体验式投教服务平台的一次创新变革。2022年5月,中国证券监督管理委员会广东监管局(以下简称广东证监局)公布《关于广东辖区省级投教基地2021—2022年度考核结果的公告》,广发期货投教基地荣膺考核"优秀"评级,主要做法如下:

一、走进校园,推动投资者教育纳入国民教育体系

2013年12月,国务院办公厅明确"将投资者教育逐步纳入国民教育体系,有条件的地区可以先行试点"。广发期货积极推动将投资者教育纳入国民教育体系,近两年联合期货交易所在中山大学、华南理工大学、华南师范大学、华南农业大学、广州大学、广东工业大学、武汉纺织大学等高校开展"期货知识进校园"活动,共计百余场,参与师生达数万人。2022年9月,广发期货应广东工业大学邀请,参加新生金融投教活动。活动中,广发期货副总经理李敏深入浅出地为同学们介绍了期货基础知识,引导大家培养金融思维,增强证券期货投资风险意识,并赠言"星光不问赶路人,岁月不负有心人",激励大家成长、成才、成功。广发期货将持续推动投资者教育纳入国民教育体系工作普及化、常态化、标准化,不断加大证券期货知识的普及力度,为资本市场持续健康发展打好基础。

二、服务"三农",大力宣传推广"保险+期货"

2016年以来,"保险+期货"模式连续七年写入中央一号文件。经过多年试行推广,"保险+期货"模式已得到市场认可,为服务"三农",促进实体经济发展提供了有力保障。广发期货积极响应国家号召,已成功运作天然橡胶、苹果、玉米、豆粕、白糖、

花生、蛋鸡养殖利润指数等多个试点项目，为农户提供价格护盾，助力乡村振兴。为丰富宣传形式，让更多人了解“保险＋期货”模式，广发期货投教基地在广东证监局的指导下，制作了多个投教作品，其中《非凡十年·我与期货同行》在由中国证监会投资者保护局（以下简称中国证监会投保局）和中证中小投资者服务中心（以下简称投服中心）组织的“我与资本市场的非凡十年”活动中荣获最佳制作奖。作品在腾讯、分众传媒大规模推广，其中腾讯推广量达70.1万，分众传媒推广量达25万，受到社会广泛关注与好评。

三、贴合需求，采取喜闻乐见的投教形式

广发期货在与投资者的日常沟通与调查中，发现投资者普遍存在对知识一知半解，没时间参加线下学习活动，自主学习不知如何开展等问题。而金融机构在服务中也面临一对一服务模式效率低下，活动成本高昂却收效甚微等问题。鉴于以上情况，为使投资者更加便捷地学习期货知识，广发期货通过调研了解期货投资者最关心的问题，汇成“期货100问”手册，并集全体员工之力制作可视化作品，迄今已完成100多个原创作品，形式涵盖视频、动画、漫画、长图等。“期货100问可视化作品”于2022年荣获广东证券期货业协会广东省“优秀投教产品二等奖”，并成功入选中国期货业协会“优秀案例库”。

四、普法宣传，夯实投资者保护之路

2022年8月1日，《中华人民共和国期货和衍生品法》正式施行，这是我国期货和衍生品市场的第一部基础性法律，为期货市场进一步发挥功能，服务实体经济奠定了基础。广发期货持续通过多元化方式加大期货法普及力度，内外联动、线上线下齐发力，对内开办集中学习课堂、举办知识竞赛、征集原创投教作品；对外举办期货法专题讲座、开展普法宣传走进校园、走进企业、走进社区、走进金交会等系列活动。同时制作了“新法驾到”“防范非法期货”等系列宣传作品，荣获“郑商所‘投教先锋’”团队称号。作品在主流媒体投放推广，其中在微信平台曝光量超35万，社会反响良好。

五、培育人才,为投教工作打下扎实的基础

培养投教人才是开展投教工作的前提,对于多数期货公司来说,其人员构成以金融等相关专业为主,投教产品的制作并不是一帆风顺的。广发期货最早的投教作品是由热爱拍摄、视频剪辑或动画制作的几名员工参与,受此影响作品数量较为有限。为加强投教人才培养,广发期货人力资源部组织了视频剪辑及动画制作相关课程的培训,投教基地在公司内部号召全体员工参与制作“期货 100 问”,凡是通过评审的作品均会给予一定的激励。通过集中培训及“传、帮、带”相结合等方式,公司培育了一批投教人才,为后期投教工作的开展打下了扎实的基础。

投资者教育是任重道远的系统工程,只有与时俱进,与投资者同行,才能不断拓展投资者教育的广度和深度。未来,广发期货期望:

(一)各市场主体形成投教合力,打造投教服务生态圈

自中国证监会投保局 2015 年启动投教基地的建设命名工作以来,已命名投教基地 199 家。而据中国结算最新数据显示,截至 2022 年 10 月底,我国投资者总数已突破 2.1 亿户。由此可见,各市场主体的投教覆盖面都是非常有限的,期望各投教基地能够广泛深入地开展合作,在投教内容、方式和方法上形成合力,聚焦投资者需求,优化投教资源,形成“法律保护、监管保护、自律保护、市场保护、自我保护”的大投保理念,汇聚每位投教人的力量,共同打造行业投教品牌,撑起投资者的保护伞。

(二)共同推动将投资者教育纳入国民教育体系

2019 年,证监会和教育部联合印发了《关于加强证券期货知识普及教育的合作备忘录》,逐步推动将投资者教育纳入国民教育体系,建立金融知识普及长效机制。为积极贯彻落实此项工作,广发期货持续加强与高校一对一的交流联动,相比一流院校,师资力量较为薄弱的非重点院校、边远地区院校,以及“小、初、高”、老年学校等其他教育机构,将是投教知识普及的重点场所。接下来,广发期货期望能够有更多机会走进这类校园中,形成“一司、一校”投教合作机制,不仅抓好“我国资本市场的重要新生力量”,更要做好老年群体投教工作。

(三)以投教为切入点,做“金融服务实体经济”的宣讲人

从澄澄麦穗到车间工厂,期货市场已经扎根于实体经济发展的各个环节,据中国期货业协会发布的数据显示,截至 2022 年 9 月末,期货风险管理公司仓单服务业务

累计服务中小微企业和上市公司分别达907家次、87家次；基差贸易累计服务中小微企业和上市公司分别达21,990家次、3247家次；截至2022年三季度末，"保险+期货"模式下承保货值已超过500亿元。以投教为切入点，将期货这一避险工具讲透，助力企业实现风险管理，把"保险+期货"的保单落到每位农户手中，让他们不再"看天吃饭"，是每位投教人的职责。广发期货期望能够做好"金融服务实体经济"的宣讲人，助推实体经济高质量发展。

成功的投资基于价值的判断

俞仲海*

摘　要:见证资本市场非凡十年,与时代共成长,海通证券投资者俞仲海亲历了资本市场全面深化改革并取得重要突破的十年。作为中国资本市场的参与者和见证者,老俞分享了他的十年投资感悟。这十年间,他最大的心得体会就是港股通扩大了投资者的投资范围,他向投资者详细介绍了自己对港股通投资价值分析的逻辑,同时老俞表达了自己看好科创企业及科创板的未来发展以及对中国经济发展的信心。除此之外,老俞浅谈了对机构投资者以及被动产品十年来快速发展的看法,并呼吁投资者坚持价值投资、理性投资的理念。

关键词:非凡十年　港股通　科创板　价值投资

十年,以投资的尺度来讲,不算很长。但这十年,却已经足够浓缩出笔者的经验:一切投资,基于对价值的判断。

一、投资港股通的心路历程和体会

十年来,笔者最大的心得体会就是,党的十八大以来,中国内地和中国香港特别行政区开通了港股通,为内地投资者增加了一个新的投资方向。

笔者对一些高科技股票,可能存在认知方面的不足。所以,就笔者个人而言,特别推崇价值投资,喜欢购买市盈率低且分红率比较高的股票。港股通开通后,为内地投资者购买港股的H股,即大型国企股票,提供了一个非常好的机会。

---

* 海通证券上海余姚路营业部投资者。

笔者以前对港股并不关心，在2000年时，实际上港股的市盈率普遍较高，但是当时正规渠道是不允许内地投资者购买港股的，是违反外汇管理政策的。自港股通开通以后，内地投资者心里就踏实了，可以理直气壮地合法购买港股了。而且跟内地的A股比较起来，目前港股的市盈率比较低，价格比较便宜。笔者希望买到便宜、分红率高的股票。以前B股刚向内地投资者开放的时候，价格很便宜，只有3美分、5美分，但还是无人问津。那时候笔者就投资了B股，等B股的投资价值被挖掘时，价格就高了。所以，投资处于价值洼地的大型国企股票，令笔者受益匪浅。

现在的港股H股不仅是市盈率都比较低，而且分红率也都比较高，有些能达到5%～10%，举例来说，2020年3月，因疫情影响港股大跌。笔者购买了内地大型的保险公司、券商股票。其中有一家保险公司，内地A股股价与港股的价格相差25%。同一家企业，分红一样，但股价是内地的一半，甚至1/3的，比比皆是。其中有一只股票，2021年年底分红的时候，股价3块多港元，分红0.35元人民币，即使去掉手续费，还有10%的收益率，收益很可观。而且，笔者购买港股通都是买一些大型国企的股票，大型国企的财务报表、券商的评估，都是一目了然的。所以，投资这些分红高的股票，就相当于银行储蓄，这促使笔者长期投资，价值投资，购买以后非常放心。

在2014年下半年，港股通开通后，普通投资者看行情、买卖交易更加方便，交易的频次增加，也可以直接通过电脑、手机端进行投资。内地投资者走出去的同时，香港特别行政区的投资者也可以通过港股通投资内地资本市场。我们可以过去，他们也可以过来，实现南北通。所以笔者投资港股，就是因为有这样的过程和经历，才会有这样的信心。

目前，港股的H股市场已经是自2010年以来的近12年的新低，所以笔者投资这些大型央企股票，等待分红，等待价值回归，这就是笔者的心得体会。

二、关于题材股与牛市中的投资

对于要不要跟投题材股和牛市的问题，笔者个人的答案是：不炒作。现在科技日新月异，发展非常快，即使是专业人士也容易出现纰漏和投资盲点，那么作为普通投资者，如果搞不清楚投资标的的具体情况而盲目跟风炒作，那会导致自己陷入困境。

笔者投资股票也有几十年的历史了，笔者的同学、朋友，输钱都是输在大牛市场。究其原因，是因为那时候股票的市盈率都很高，投资者的情绪也都很高涨，容易吃大亏。其实,赚钱的都是在熊市里,在价值比较低的时候,以理性投资的理念,用分红的心态去买股票,获得正收益的概率就会比较高。

三、如何看待投资红利

在股票投资的几十年中,笔者从不会去道听途说,打探小道消息,至于随机指标、异同移动平均线、相对强弱指标等技术指标,笔者也并不关注。而且,笔者特别反感“炒股票”这种讲法,股票投资是投资上市企业,享受企业经营成果,获取红利的过程,如果是炒作股票,肯定会吃亏,这是真理!

根据笔者对有关报道的研究,现在我国内地大型央企的股票,平均分红率是3.3%,小型企业是1.9%。笔者购买股票时会挑一些分红率比较高的央企、国企,这些企业都是涉及民生的大企业,亏损的可能性不大,一般也不会受到退市风险警示。而且根据笔者的研究,这些央企还有一个特别优惠的政策,即这些央企每年的分红政策是作为其董事会的一个章程来制定的,基本上三至五年不会改变,分红政策的稳定性对于普通投资者来说,就像吃了一个“定心丸”。

因此笔者建议以拿红利的心态去投资股票,万一股票价格下跌,就拿红利,如果哪一天牛市来了,或者说是有行情了,那投资收益就非常值得期待。千万不要以投机的心态去买股票,这也是笔者几十年来的心得体会。

四、关于个股研究与 ETF 投资

多年以来,笔者形成了判断股票价值的方式——阅读券商的研究报告。笔者在投资一只股票前,会阅读该只股票所有的研究报告,笔者会花几天时间去认真研究这家公司,所以笔者投资股票 30 年了,买卖的股票只数并不多,仅有几十只股票。

笔者一般通过海通证券的 App,还有一些财经类资讯媒体的 App,阅读研究报告。对于那些影响国计民生,影响大盘走势的股票,尽管笔者未购买,但鉴于股票的市场影响力,笔者特别关心其公司公告、投研报告等,特别是近半年的投研报告。尤其是那些规模特别大的能源股、金融股,因为对市场影响特别大,笔者会特别关注它们的报表状况和投资方案。

笔者认为,科技股其实有非常大的不确定性,对于不确定性较大的事物年轻人投资得比较多,而像笔者一样较为年长的投资者会更偏向投资蓝筹股。这是因为年纪偏大的投资者对蓝筹股的认知比较深,而对高科技不够了解,例如,对于智能手机、短视频工具、购物软件的使用,中老龄投资者了解得就相对较少。与笔者同龄的投资者们更喜欢投资那些老牌国企,买的都是会让投资者感到很踏实很放心的股票,买高科技股票是分享改革的红利,但笔者不懂,所以不买了。

这十年来,如果要投资高科技行业,笔者会选择购买交易所交易基金(Exchange Traded Fund,ETF)。原因在于,如果一个国家要发展,要屹立于世界之林,光靠钢铁水泥那些股票是不可能的。要赶超世界,一定要依靠高科技,它们好,我们国家才会好。因此,尽管笔者不投资或者很少投资高科技行业的股票,但笔者看好高科技板块,所以笔者会选择在价格较低的时候购买 ETF。

笔者认为,2028 年以后,投资市场最好的板块可能是科创板。该板块势必会产生几匹"黑马",这些"黑马"一定是领头的科技企业,例如新能源、芯片等国家大力支持的领域,未来五年的"大黑马"也必定在其中。但是因为科创板股票的市盈率都特别高,所以不符合笔者的投资价值观,因此笔者不会投资具体某一家科创板股票,只会购买科创板 ETF。

五、关于机构投资者与基金投资

笔者认为,2012 年至 2022 年是机构投资者和私募投资者发展最快的时期。机构投资者有很强的研究能力,又具备实地调研上市公司的条件,所以对整个行业观察得比较透彻,而且机构投资者的投资心态也比较稳定,因此机构投资者的发展速度比较快。

虽然市场逐渐机构化了,但个人投资者的投资机会还是有的,那就是购买基金。个人投资者靠买个股赚钱比较困难。笔者认为,2012 年至 2022 年这段时期,高科技股成长最多,机构和私募投资者发展最快,而个人投资者依靠购买基金也是有投资机会的。

六、关于理性投资

笔者认为在上海最大的投资优势就是投资股票的人多,互相交流的机会多。交流信息,谈观点,谈看法,特别方便。个人买股票,分析判断不一定准确,有时上市公司报告也比较难读懂,财务指标难以看得非常透彻。这时就可以找其他投资股票的亲戚朋友一起研究、讨论。众多从事投资股票的朋友一起交流会特别方便,包括对大势判断、投资回报、行情分析等,交流多了,心里面就有底了,对于投资的看法也会更理性。

笔者坚定地看好我国未来的发展,看好党的二十大以后我国经济的发展,现在的困难都是暂时的。全球都看好中国的经济市场,老百姓也应该抱持乐观的态度来看待。那些大型国企都是很看得清摸得透的。所以笔者对我国证券市场是很有信心的。说实话,几十年来,笔者为我国证券市场作了很大的贡献,上市公司也给了笔者很大的回报,使笔者的生活也得到了改善。所以,笔者是非常喜欢证券市场的,笔者的业余生活就是证券投资,但是从来不投机。

笔者作为一个老股民,每天在股市中摸爬滚打,股市可以说是笔者的人生缩影。兜兜转转十多年,说到底成功投资的出路就是价值投资。以上都是笔者这些年的投资心得体会,也是最真实的投资感悟,希望可以对各位投资者有所裨益。

一线分支机构投资者保护及教育的探索与思考

——国内投资者诉讼维权实践与建议

陈文韬*

摘　要:近年来,随着国内证券市场的壮大,投资者维权诉讼也相应地增多。笔者在基层证券分支机构工作中感受到当前投资者保护教育工作以及诉讼维权的困难点,研究对比国内民事侵权司法救济机制和国外投资者保护制度,从建立会员单位与投服中心的联络人制度,建立统一维权平台,建立投服中心通过交易所互动平台代表投资者进行提问监督,对风险上市公司实行财产保全措施,加强投资者教育产品质量及影响力等方面进行思考并提出建议。

关键词:投资者维权诉讼　投资者保护　投资者教育　维权平台　证券民事赔偿

加强我国证券市场投资者保护工作是保护我国证券市场投资者利益、维护我国证券市场长期稳定健康发展的需要。近年来,随着国内证券市场的壮大,投资者维权诉讼也相应地增多。本文以笔者在基层证券分支机构的工作经历,结合当前投资者保护教育工作以及诉讼维权的困难点,研究对比国内外投资者保护历程,并提出一些思考与建议。

一、投资者保护之难:工作不受重视,维权申请步骤烦琐不便

近年来,随着注册制的逐步推行和信息披露的要求越来越严格,各证券公司投资

* 华龙证券股份有限公司上海中山北二路证券营业部投资顾问,投资者教育专员。

者教育工作的内容也越来越丰富。基层证券分支机构在投资者教育方面投入人力、物力,尽可能组织形式丰富多样的投资者教育活动,推出覆盖市场多角度、内容广泛的投资者教育作品;但实践中却面临着投资者普遍反馈热情不高,对于投资者教育风险提示“不遇事不重视,真遇事不清楚”的问题。

投资者更感兴趣的是市场的获利机会和产品收益,而对于公益知识普及的投资者教育内容,投资者大多走马观花,很少花费时间深入了解。在这个信息爆炸的时代,多数投资者不能像专业机构投资者一样,有足够的时间研究学习新的制度、规则,了解潜在风险点。在可能出现在投资者碎片时间里的资讯中,投资者对行情分析、个股解析、热点推荐的关注热情往往高于对投资者教育、风险提示、投资者保护案例的兴趣。很多投资者往往在自己利益受损、股票亏损的时候,才开始找寻问题的所在,在发现之前没有予以重视的风险提示后,才痛心疾首。投资者教育工作人员对这些情况,也会因感到工作不被认可、不被重视而降低工作热情和积极性,这也是笔者目前体会到的基层投资者教育与保护工作的难点之一。

投资者保护工作的第二个难点是,由于没有一个统一的维权平台,无论是投资者还是投教工作人员,对于维权保护的各种问题缺乏确切的指引,相关申请或材料提交通道仍不够便捷。例如,2021 年营业部投资者伍某有 3 只不同品种的证券因企业破产、财务造假等问题产生相应诉讼维权需求,其在提交集体诉讼的材料和确定债权的相应手续时,遇到了一定不便,并向营业部员工求助。但基层员工因不熟悉、不了解相应的法律维权流程,也不了解维权渠道和相关申请或材料提交方式,对于能够提供的帮助与是否合规、是否属于展业内容等问题,也是心怀疑惑,故在工作中不能很快解决客户的问题。虽然最后投资者的问题得到了解决,但是过程中出现的问题引人深思。我国的人口老龄化问题不容忽视,当前很多政府机构和服务窗口、网站都设置了关怀模式,专门供有阅读困难和年老的群众咨询使用。对于已经发展了 30 年的中国证券市场,有一大批上了年纪的投资者,他们对于新兴互联网的方式以及流行的交互手段其实并不了解,并且在接受新事物的过程中,也要比年轻投资者慢甚至是有抗拒心态。就投资者的生命周期角度而言,40 岁至 50 岁的投资者正是投资的主力军,他们有资金实力,也没有过重的生活压力,是最早一批参与中国证券市场的投资者。然而这个年龄段的投资者在历经 10 余年甚至 20 年的投资经历后,步入了老年,可能对新事物、新形式都难以接受或不想接受。目前一些维权的手段和程序复杂烦琐,对于投资者的体验不是很友好,这可能是投资者保护与教育工作上亟待解决的一个重要问题。

二、我国民事侵权司法救济机制的发展历程与实践

我国投资者保护的民事侵权司法救济机制在结合国内实情和参考国外经验后，伴随《中华人民共和国证券法》(以下简称《证券法》)的修订与完善逐步细化调整明确。我国民事侵权司法救济机制的发展历程与实践具体说来可以分为以下五个阶段。

(一)《中华人民共和国民法通则》保护阶段(1998年以前)

在《证券法》制定前，我国对证券投资者合法权益的保护更多的是依据《中华人民共和国民法通则》(以下简称《民法通则》)中的一般性规定。由于《民法通则》缺少针对证券案件的特殊性规定，对证券民事赔偿的认定标准以及程序都缺少规定，而且在举证责任上遵循“谁主张，谁举证”的一般性原则，证券投资者的司法维权难度相对较高。如1996年的第一例证券民事赔偿诉讼“刘某某诉山东渤海集团案”①，尽管当时中国证券监督管理委员会(以下简称证监会)已经对渤海集团虚假陈述给予了行政处罚，刘某某在此前提下提起了诉讼，但法院却适用《民法通则》中对侵权责任的一般性规定，判决虚假陈述与股票损失之间没有必然的因果关系，故该案两审均以刘某某败诉告终。

(二)《证券法》保护阶段(1999~2001年)

《证券法》1998年12月29日颁布，1999年7月1日实施，该法明确规定禁止欺诈客户、内幕交易和操纵市场，从而以特别法的形式明确了对证券投资者合法权益的保护。《证券法》将法律责任的重点放在了行政处罚和刑事责任上，对民事赔偿虽然只是作了一些简略规定，但这是立法上的一次有益探索。

2000年10月30日最高人民法院公布的《民事案件案由规定(试行)》(法发〔2000〕26号)中，将操纵证券交易市场纠纷、虚假证券信息纠纷等列入案由，为法院受理证券民事纠纷提供了一定依据。之后证监会在对“三九医药”通报批评时，呼吁中小投资者通过民事诉讼程序和集体诉讼机制，向侵害权益者索取赔偿。无锡市崇安区人民法院也一度受理“银广夏案”。但遗憾的是，受当时条件的局限，最高人民法

① 新浪财经:《中国证券民事索赔第一案:刘某某诉山东渤海集团案》，载新浪财经网2011年3月9日，https://finance.sina.com.cn/stock/t/20110309/19219500855.shtml。

院 2001 年 9 月 21 日发布《关于涉证券民事赔偿案件暂不予受理的通知》(法明传〔2001〕406 号)(已失效),要求全国各地法院暂时不受理证券欺诈民事赔偿案件。证券投资者通过民事司法途径实现权益保护的道路暂时被封堵。

(三)司法解释完善阶段(2002～2005 年)

最高人民法院于 2002 年 1 月 15 日发布《关于受理证券市场因虚假陈述引发的民事侵权纠纷案件有关问题的通知》(法明传〔2001〕43 号)(已失效)(以下简称《1.15通知》),要求全国各地法院开始有条件地受理因虚假陈述引发的民事侵权赔偿纠纷案件。《1.15 通知》出台后,近 10 家被证监会认定有虚假陈述行为的上市公司被投资者告上法庭。为细化操作,2003 年 1 月 9 日,最高人民法院又出台了《关于审理证券市场因虚假陈述引发的民事赔偿案件的若干规定》(法释〔2003〕2 号)(已失效),对因虚假陈述引发的民事赔偿案件审理的实体问题和程序问题作出了较为详细的规定。这两个司法解释的出台使法院开始正面应对虚假陈述引发的民事侵权案件,使法院在操作上有了统一的指引。根据上述司法解释,"大庆联谊案"以投资者胜诉告终,成为我国证券市场众多证券赔偿案件中维护中小投资者利益的首个生效终审判决。

(四)2005 年修订《证券法》保护阶段(2005～2019 年)

2005 年我国修订《证券法》,这次修订弥补了原来《证券法》缺少的对内幕交易和操纵市场的民事责任规定,并对虚假陈述的责任主体、责任类型、法律后果等作了详细规定。2007 年《最高人民法院关于审理涉及会计师事务所在审计业务活动中民事侵权赔偿案件的若干规定》(法释〔2007〕12 号)明确了虚假陈述民事赔偿中的审计责任问题。至此,2005 年修订后的《证券法》和最高人民法院的上述 3 个司法解释构成了现行民事侵权司法救济的基本制度。此外,2009 年 12 月 26 日通过并于 2010 年 7 月 1 日施行的《中华人民共和国侵权责任法》(以下简称《侵权责任法》),将侵害股权权益也纳入其调整范围,再次确认了投资者可以通过民事途径实现权利救济。[①]

(五)《证券法》再度修订,代表人诉讼开启(2019 年至今)

2019 年 12 月 28 日,第十三届全国人民代表大会常务委员会第十五次会议通过了修订的《证券法》,2019 年修订的《证券法》条文 226 条,并增加了"信息披露"和"投资者保护"两章,大幅度加大了对投资者的保护。其中第六章投资者保护主要有

---

① 张宁、薛珍、于承:《健全投资者保护的民事侵权司法救济机制》,载挂云帆网 2021 年 11 月 20 日,https://www.guayunfan.com/lilun/370839.html。

以下三点内容。

1. 规定了证券公司对投资者的适当性管理义务。2019 年修订的《证券法》第 88 条第 1 款规定："证券公司向投资者销售证券、提供服务时，应当按照规定充分了解投资者的基本情况、财产状况、金融资产状况、投资知识和经验、专业能力等相关信息；如实说明证券、服务的重要内容，充分揭示投资风险；销售、提供与投资者上述状况相匹配的证券、服务。"第 3 款规定："证券公司违反第一款规定导致投资者损失的，应当承担相应的赔偿责任。"

2. 规定了先行赔付制度。2019 年修订的《证券法》第 93 条规定："发行人因欺诈发行、虚假陈述或者其他重大违法行为给投资者造成损失的，发行人的控股股东、实际控制人、相关的证券公司可以委托投资者保护机构，就赔偿事宜与受到损失的投资者达成协议，予以先行赔付。先行赔付后，可以依法向发行人以及其他连带责任人追偿。"

3. 规定了证券代表人诉讼制度。2019 年修订的《证券法》第 95 条规定："投资者提起虚假陈述等证券民事赔偿诉讼时，诉讼标的是同一种类，且当事人一方人数众多的，可以依法推选代表人进行诉讼。对按照前款规定提起的诉讼，可能存在有相同诉讼请求的其他众多投资者的，人民法院可以发出公告，说明该诉讼请求的案件情况，通知投资者在一定期间向人民法院登记。人民法院作出的判决、裁定，对参加登记的投资者发生效力。投资者保护机构受五十名以上投资者委托，可以作为代表人参加诉讼，并为经证券登记结算机构确认的权利人依照前款规定向人民法院登记，但投资者明确表示不愿意参加该诉讼的除外。"

2021 年 11 月 12 日，广州市中级人民法院对全国首例证券集体诉讼案作出一审判决：责令*ST 康美因年报等虚假陈述侵权赔偿证券投资者损失 24.59 亿元。马某田及 5 名直接责任人员、正中珠江会计师事务所及直接责任人员承担连带赔偿责任。13 名相关责任人员按过错程度分别承担 20%、10%、5% 的连带赔偿责任，处罚力度空前。该案原告的胜诉，标志着以投资者"默示加入、明示退出"为特色的中国式集体诉讼司法实践成功落地，成为资本市场法治建设的新标杆。

三、对投资者保护几方面的思考与建议

当前我国对投资者保护工作愈加重视，投资者遇到维权问题时，特别是在特别代

表人诉讼案取得成功和重大反响后,咨询维权诉讼的投资者逐渐增多。笔者根据对日常工作遇到的问题和难点的思考,提出以下几方面建议。

(一)建立会员单位与投服中心的联络人制度

投资者普遍反映,一般不能第一时间获取维权信息,更不能时时刻刻关注到相关公告,往往错过维权的最佳时点,有一些集体诉讼的发起又没有统一的查询平台,多有不便。例如,营业部受访投资者表示,自己错过了"康美药业案"特别代表人诉讼的申请期和"五洋债案"的集体诉讼报名申请,仅因收到律师通知才得以完成"丹东港债案"申报。该投资者因"康美药业案"采用特别代表人诉讼制度而受益,但其也表示,自己错过了该案的初始申请。如果投资者因错过申请致使特别代表人诉讼要求的 50 名投资者人数不足,则可能影响大部分投资者的利益。

因此,建议建立投服中心—证券业会员单位的联络制度,由会员单位专人负责与投服中心对接,接收投服中心公告,再由会员单位联络人下发给单位下属各分支机构,进行投资者告知工作,这样可起到广泛通知公告的作用。建立"投服中心—中国证券业协会会员单位—维权专岗"的投资者保护结构,形成投服中心对接系统、会员单位连接投资者的网络式保护体系。这样可以扩大投资者保护工作覆盖面,扩大宣传范围及影响力,也可以及时向投资者告知需要提交材料参与相关证券维权的有关消息,提高基层工作人员工作效率,提升投资者维权体验。

(二)建立统一维权平台,扩大知名度、影响力

当前中国投资者网证券期货纠纷在线解决平台、浙江证券期货纠纷智能化解平台与人民法院调解平台实现数据交换、互联互通,建立协调联动、高效便民的证券期货纠纷在线诉调对接机制,取得了不错的成效。其在数据上统一,有效解决了各个地方法院、各个调解组织之间调解平台标准不一致的问题,解决了诉调对接平台建设的问题,但在平台的普及、宣传和指引上还有所不足,使投资者在查找平台、了解相关处理方面多有不便。如营业部受访投资者经历"康美药业案""五洋债案""丹东港债案"3 次维权,每次的维权平台都不一样;在提交材料时,个别平台需要通过支付软件操作实名认证,这对于年龄大、不使用支付软件的投资者而言十分不便。中国正面临着老龄化问题,上述问题在基层现场老牌营业部时有发生。基层分支机构员工在遇到投资者咨询时,对于如何操作的问题也是需要从头咨询搜索,从而反复增加了不必要的工作量,也耽误了投资者维权的宝贵时间。

因此笔者建议,统一证券维权申报平台并扩大其影响力和知名度,打造一个使投

资者第一时间想得到、找得到的维权平台与热线。该平台不仅可与全国法院连接合作,更可与中国结算、投服中心、投保基金、证券公司、交易所连接,实现数据互通,快速解决问题。在普及与宣传方面,可在证券业协会、投资者网、投服中心、交易所、各证券公司投教基地的醒目位置展示投资者维权纠纷解决平台网址,方便投资者查询了解使用。对投教工作人员进行使用培训,通过流程学习、模拟申报熟练掌握维权流程。在使用指引方面,可在投资者登录注册后,根据投资者身份认证信息与统一编码,对应显示在公告期内的证券和案件,一步提交材料,一次性解决;并且设置关怀模式,辅导有困难的投资者完成维权申报。

(三)交易所互动平台引入投保机构代表投资者提问

证券市场中侵权行为专业化、多样化、隐蔽化,普通投资者专业能力有限,信息不对称,可能无法知晓侵权的事实。一些关联交易、同业竞争行为甚至可能在外表上具有“合法”的形式,履行了董事会、股东大会、信息披露等手续,在“合法”的外衣下进行利益输送。普通投资者受到专业能力和信息渠道的限制,可能连权益遭受侵害时都无法得知,又何谈通过诉讼进行权利救济。因而在此时,专业投资者保护机构的介入就显得尤为重要。

从特别代表人诉讼制度得到启发,投保机构可作为综合代表广大投资者利益的主体,对于市场中“专业化”的侵权行为进行监督和分析。这一点可在上证 e 互动平台上首先应用并进行改革。当前上证 e 互动平台作为普通投资者与上市公司交流的互动平台,主要是方便投资者对热点问题提问,对上市公司公告和发布信息进行咨询,并可进行股东大会投票和业绩说明会的回顾。但该平台仍有提升改进的空间,如投资者在互动平台的提问、问答不经审核并且重复的多,有针对性的不多。上市公司董事会秘书(以下简称董秘)在回答的时候难以确定重点问题,往往把时间花费在回答一些不是重点的问题上,而且存在应付式、格式化的回答,不能让投资者满意,也造成了不好反响。另外,该平台知名度不够,其虽然有问答、论坛点赞等功能,但关注度、影响力、互动量还远远不够。以首页提问数第一的上市公司为例,2022 年 11 月 10 日,“安彩高科”提问数 586、回复数 477、被关注数 58,而安彩高科的股东数有 3.48 万人。同样在互动平台——东方财富股吧中,有关安彩高科的帖子平均点击量为 60 左右,最多一篇点击量 11,217、评论数 592。可以说,绝大部分投资者并没有在上证 e 互动平台上进行讨论互动。究其原因,一方面是交易软件的便利性还不够,另一方面是上证 e 互动平台的使用和关注度还远远没有达到成为投资者信息咨询和问答的主要获取渠道的程度。

针对这一问题,笔者建议,投服中心——持有各上市公司一手股票的投保机构,以股东身份,代表广大普通投资者对上市企业进行监督,由投服中心代表投资者对上市公司公告中和日常经营中投资者关注讨论的热点问题向上市公司进行提问。投服中心可要求上市公司董秘认真负责地回答投资者尤其是投资者工会代表投资者提出的关于公司业绩、新闻、发展的问题。

投服中心可通过平台广泛收集投资者提出的迫切问题,统一向上市公司提问;上市公司董秘要认真负责地回答问题,而不是以一句“请投资者查看相关公告”敷衍了事,要以通俗易懂的语言,解释专业问题。投资者通过平台,理性对上市公司提出关切问题,可以向投服中心账户留言;投服中心从平台可以获知投资者关切的问题,代表投资者向上市公司提问。上市公司也可免去信息筛选的环节,有的放矢地对投服中心筛选后提出的重要关切问题进行详尽回答,把重点放在对投服中心问题的回答质量上,省去回答情绪化、无效无关问题的精力与时间。

(四)对被风险警示、立案调查的上市公司财产实行保全措施

2022 年 7 月,中国证券监督管理委员会、财政部联合发布《关于证券违法行为人财产优先用于承担民事赔偿责任有关事项的规定》(中国证券监督管理委员会、财政部公告〔2022〕40 号),明确了违法行为人所缴纳的行政罚没款用于承担民事赔偿责任的具体工作机制,对于解决民事赔偿责任优先落实难问题,切实保护投资者合法权益具有重要的现实意义。

但目前,投资者赔偿的实际到位问题也需要重视和研究。投资者通过集体诉讼、普通代表人诉讼以及特别代表人诉讼,花费时间精力,通过起诉流程胜诉之后,面临的最大问题还是赔偿主体的偿还能力问题。以“康美药业案”为例,虽其处罚力度空前,判罚达 24.59 亿元,5 万余名中小投资者获得赔偿,平均每名投资者获赔 48,000 元,但实际上康美药业各处罚主体有很多无力赔偿,比如一些独立董事在赔偿落地之后仍没有偿清处罚金额,之后如何追偿仍是一个疑问。根据重整协议书,康美药业对投资者以部分现金、部分股份的方式完成赔偿,但康美药业股价从 27 元到如今的 2 元,股价跌去 90%,这样的实际赔偿力度仅能称为聊以慰藉。其他破产重组公司对债权人的赔偿都无法百分之百保证,投资者的赔偿执行到位仍是一个问题。

因此,能否实现财产在处罚立案时便被保全以及如何保全,是监管机构、司法机关需要研究的课题。能否对进入风险警示的公司进行更大力度的监管,是否建立投

资者预保护机制成立相关赔偿基金，也值得投资者保护机构和工作人员深思研究。

（五）培养投教明星，增质量扩影响

近几年，投资者教育工作愈加受到重视，交易所、协会和各投保机构组织、各证券公司举办了丰富多彩的投教活动，制作了图文并茂的投教作品，通过各种直播、大型活动对新规则、新法规、新风险点的提示教育工作起到了积极作用。但是投教工作在投资者中的影响力仍有待提升，投资者对投教活动的配合大于重视，对普及的知识新规走马观花。证券经营机构花费人力、物力、精力举办的活动，制作的作品所取得的投教效果实际有限。究其原因，一方面，与投资者的关切角度总是利益关切大于知识学习有关；另一方面，投资者对长篇说教式的科普难以耐心收看，投资者对短视频的喜好与证券知识因内容繁多而难以通过短视频教授产生了矛盾。

投资者教育可以和时代接轨，创作新鲜多样的投教形式。这在其他领域已有成功案例，如在上海公交地铁的移动电视上，经常可见上海市公安局的明星警官，通过情景剧的形式，将电信诈骗、金融骗局等各类非法活动生动展示，吸引群众的关注，更能使观众留下深刻印象，起到了良好的宣传效果，值得借鉴。因此，可以由投服中心、行业协会等支持投教基地，培养一批投教明星，孵化一批投资者教育的“大V”，采用有影响力、有人气的投教作品，以更生动有趣、接受度高的形式宣传普及投资者教育内容。

四、总　结

近年来随着证券市场的发展，投资者维权诉讼需求增多，对投资者教育的时代适应性、接受度也提出了更高要求。从基层分支机构投资者保护角度出发，笔者建议：成立投保机构—会员单位联络人制度，建立统一的投资者维权平台，提升基层投资者保护工作的效率与连接性。加大对投资者互动平台的宣传力度，丰富平台内容，改善互动模式。提升投服中心在维权平台、互动平台的话语权和影响力，代表投资者行使监督权利，弥补一般投资者可能存在的专业性相对不足的问题，提出更专业有效的关切问题。进一步完善投资者赔偿落实机制，研究如何预先保护侵权违规公司涉及的投资者。进一步提高投资者教育活动的质量和影响力，切合投资者关切和权益重点，培养一批优秀投教明星并创作更多鲜活生动的投资者教育作品，使其在知识普及、风险提示方面发挥更大的价值，对证券市场健康发展发挥更大的作用。

I 域外视野

INVESTOR

论公司治理中的投资者主导型可持续性*

[德]沃夫-格奥尔格·林格(Wolf-Georg Ringe)** 著

薛前强*** 王泱阳**** 译

摘 要:目前,向可持续性经济的过渡涉及资本市场的变化。为应对这一挑战,立法者往往试图通过制定行为标准的方式来规制公司在面对环境、社会和公司治理(ESE)问题时的行为。不同于上述方法,本文提出了在资本市场中实现更强可持续性的另一种途径,即扩大对投资者的赋权。这种对市场自身的信任的基础是近年来金融市场中供需双方的发展变化,以及机构投资者向共同所有权的转变。在不同类型的资产管理者或机构投资者之间建立联盟,以及说服其他投资者支持某一特定的倡议,这些需求可以作为一个内在的过滤器。其作用是帮助市场克服追求股东的异质性利益,①而仅支持那些得到大多数投资者支持的活动。近年来,机构化的投资者平台已成为一种给投资者赋权的力量,其不仅有助于协调投资者的活动,同时利于分担参与成本。环境、社会和公司治理的股东参与是实现未来可持续发展方面的巨大驱动力。本文指出,与以立法机构为主导的规范性和监管方式相比,投资者主导的可持续性更具优势。例如,如果聚焦于投资者主导,则会遵循一种更加灵活和动态的模

---

* 本文为中央民族大学2022年青年教师科研能力提升计划项目“共同富裕视野下企业慈善行为法律规制研究”(2022QNPY39);中央民族大学2022年研究生课程建设和教育教学改革项目“新时代法学类研究生教育教学多维改革研究”(GRSJYGG013);2022年度中国青少年研究会研究课题立项课题“商事法律视域下青少年权利保障与发展研究”(2022B12);司法部2021年度法治建设与法学理论研究部级科研项目“后疫情时代公司法应急治理法律问题研究”(21SFB4050);国家社会科学基金资助一般项目“创新驱动发展战略下新兴资本市场监管机制的理论与制度构建研究”(17BFX102)。原文发表在《公司治理年鉴》杂志上。

** 德国汉堡大学法学院法律与金融教授。

*** 中央民族大学法学院讲师,法学博士。

**** 中央民族大学经济法学研究生。

① 股东不同的利益获取方式,因股东异质性导致的股东之间利益冲突表现得非常突出,股东的异质性为不同股东之间的利益冲突提供了分析的平台,即股东具有不同的利益获取方式,这种异质性在股东概念形成之初就存在。

式,而不是遵守僵硬的预设标准。此外,投资者青睐的评估不会像笼统的法律标准那样削弱社会福利,不会引发监管套利,同时也不会使公司决策陷入僵局。因此,任何监管活动都应该仅限于发挥促进性和支持性的作用。

关键词: 可持续性　环境、社会与公司治理　气候变化　资本市场　机构投资者　投资者联盟

一、引　言

传统观点认为,向更可持续的经济过渡需要将环境、社会和公司治理(Environment, Social and Governance,ESG)标准纳入公司的治理体系和财务体系。一个逐渐被全球广泛认可的共识是,资产管理部门在帮助社会解决生存问题方面发挥重要作用。例如,在面对当前的气候危机问题时,它可以通过持续性地分配资本来影响被投资公司的行为。

为了实现可持续化发展这一目标,目前的讨论通常围绕完善公司组织的法律制度展开。例如,政策制定者和法院都在考虑扩大董事的职责范围,让公司董事对促进 ESG 目标承担法律责任。[①] 另一个想法是将高管薪酬与某些可持续性标准挂钩。[②] 此外,得到全球广泛支持的第三项建议是推广相应的管理守则,从而促使机构投资者在投资决策中追求 ESG 标准并披露其参与政策(engagement policies)。[③]

然而,还存在另一条道路可以实现更良好的资本市场可持续性,即扩大赋予投资者的权利。在过去的几年里,由投资者主导的可持续发展倡议出现了前所未有的激增,其中最突出的证据是 ESG 激进主义者的崛起,即对冲基金和其他专业投资者,他们一直在积极地影响所投资公司的管理层去做出更具可持续性的决策。但更令人惊讶的或许是,被动投资基金、指数基金和交易所交易基金(Exchange Traded Funds, ETF)也加入了这一行列,并且通过独立开展经济活动或支持积极主义投资者的方式

---

① 在美国,针对公司董事会的诉讼越来越依赖于未行使适当风险监督的 Caremark 义务。欧盟委员会甚至就这一方向的拟议法律变革进行了咨询。关于可持续公司治理的公众咨询参见 https://ec. europa. eu/info/law/better-regulation/have-your-say/initiatives/12548 – Sustainable-corporate-governance/public-consultation_en。

② 例如,在德国,上市公司必须采用一种薪酬结构,以"面向公司的可持续和长期发展"(Aktiengesetz § 87a [AktG; Stock Corporation Act])。因此,在采用薪酬激励措施时,还应考虑社会和生态方面。See Jean McGuire et al., *Do Contracts Make Them Care? The Impact of CEO Compensation Design on Corporate Social Performance*, 157 J. Bus. Ethics 375 (2019).

③ 典型的例子是英国准则,在其最新的 2020 年版本中还包括 ESG 标准。参见财务报告委员会,THE UK STEWARDSHIP CODE 2020, https://www. frc. org. uk/investors/uk-stewardship-code。

推动更多负责任的投资策略。

一些观点对这种由投资者主导的可持续性持怀疑态度,这可能是出于对市场的普遍不信任。自国际金融危机以来,直至目前的疫情流行阶段,[①]这种不信任一直主导着舆论。尽管如此,笔者认为,ESG 参与能够很有力地驱使公司治理朝着更加可持续化的未来方向发展。事实上,笔者研究表明,与立法机构处于主导地位的更具规范性的监管方法相比,投资者主导的可持续性有许多优势。[②] 例如,更多地关注投资者的举措将遵循更灵活和动态的模式,而不是遵守僵化的预设标准。此外,投资者青睐的评估不会像笼统的法律标准那样削弱社会福利,不会引发监管套利,同时还会避免公司决策陷入僵局。因此,所有监管活动都应该仅限于具有促进和支持作用。

本文论述思路如下:第二节追溯了最近公司治理和财务方面上 ESG 和可持续性的增长趋势,其中着重记录了这一领域中投资者主导型倡议的兴起。第三节讨论了这种股东参与模式的优点,同时论证投资者追求的 ESG 倡议与商业现实相一致,且符合市场的供需逻辑这一观点。这一节还论证了共同所有权的市场趋势为这种参与模式带来巨大的前景。第四节介绍 ESG 参与的主要优势,即它越发依赖于不同类型的机构投资者之间的联盟和团队建设。笔者认为,这些团队建设战略具有双重好处,它不仅给予商业活动更大的支持,也是一种内在的筛选机制,有助于排除个人投资者的特异性利益。第五节和第六节提出一些监管的建议,并总结了上述分析。

二、ESG 投资的兴起

从多方面来看,世界经济转向更可持续发展方向的思想起源于联合国在 2015 年提出的可持续发展目标(Sustainable Development Goals,SDGs),该目标设立了一个将于 2030 年之前实施的宏伟议程。[③] “ESG”一词最早是由联合国全球契约组织在其 2004 年的文件和随后的“Who Care Wins”会议中提出的,该会议聚集了监管机构、资

① 关于质疑的观点,可以参见 Paul G. Mahoney & Julia D. Mahoney, *The New Separation of Ownership and Control: Institutional Investors and ESG*, Col. Bus. L. Rev. 840 (2021); Paul Brest, Ronald J. Gilson & Mark A. Wolfson, *How Investors Can (and Can't) Create Social Value*, 44 J. Corp. L. 205 (2018); Jonathan R. Macey, *ESG Investing: Why Here? Why Now?*, *forthcoming*, Berkeley Bus. L. J., 2022。

② 然而并不反对任何旨在遏制外部性的额外监管举措,如碳税。

③ UN General Assembly, *Resolution* 70/1 *adopted on* 25 *September* 2015 – *Transforming our world: the* 2030 *Agenda for Sustainable Development*, https://undocs.org/A/RES/70/1.

产管理公司、机构投资者和其他市场参与者。[①] 会议后续的报告中指出,将 ESG 纳入企业和投资者的决策对于投资安全、市场繁荣和增长至关重要。[②] 此后不久,联合国与一个由领先的机构投资者组成的国际集团合作,推出了著名的"负责任投资原则"(Principles for Responsible Investment,PRI),该原则促进了 ESG 问题在投资行业的整合。[③]

《巴黎协定》[④]于 2016 年生效,其内容包括减缓、适应和资助气候变化,在这些要求的推动下,人们越来越认识到,必须在各个层面上采取行动来实现这些雄心勃勃的目标。这些议程得到了基层活动"Fridays For Future"的支持,该倡议在 2018—2019 年期间主导了公共议程。[⑤] 随后新冠疫情引发了全球范围内对自身价值观和目标的根本性反思。[⑥] 在这些趋势的推动下,一种共识逐渐达成,那就是传统的政策工具(如监管、补贴和税收)不足以实现它既定的可持续经济目标。正是在这种背景下,通过公司治理来促进可持续发展这一想法被注入了新的活力——不(仅)针对特定的活动,如碳排放,而是从结构和目标上激励企业和市场参与者本身,从而使市场能够从根本上实现可持续发展。可以肯定的是,鼓励企业实现可持续发展这一想法已经在"企业社会责任"(Corporate Social Responsibility,CSR)的名义下存在一段时间了。早在 20 世纪 50 年代,就有了各种倡议和自治计划。[⑦]

全世界的决策层都已抓住了这个想法,并制定了一系列的活动、倡议和政策文

---

① UN Global Compact, *Who Cares Wins: Connecting Financial Markets to a Changing World-Recommendations to better integrate environmental, social and governance issues in financial analysis, asset management and securities brokerage* (2004), https://www.unepfi.org/fileadmin/events/2004/stocks/who_cares_wins_global_compact_2004.pdf.

② UN Global Compact, *Conference Report: Investing for Long-Term Value: Integrating environmental, social and governance value drivers in asset management and financial research—A state-of-the-art assessment* (2005), https://www.ifc.org/wps/wcm/connect/9d9bb80d - 625d - 49d5 baad8e46a0445b12/WhoCaresWins_2005ConferenceReport.pdf? MOD = AJPERES&CACHEID = ROOTWORKSPA CE - 9d9bb80d - 625d - 49d5 - baad - 8e46a0445b12 - jkD172p.

③ See https://www.unpri.org/.

④ 《巴黎协定》于 2015 年 12 月 12 日由《联合国气候变化框架公约》(United Nations Framework Convention on Climate Change, UNFCCC)各成员方达成的协议,并于 2016 年 11 月 4 日生效。See https://unfccc.int/sites/default/files/english_paris_agreement.pdf.

⑤ Greta Thunberg 于 2018 年 8 月发起了第一次"学校罢工"。See David Crouch, *The Swedish 15 - year-old Who's Cutting Class to Fight the Climate Crisis*, THE GUARDIAN (Sept. 1, 2018), https://www.theguardian.com/science/2018/sep/01/swedish - 15 - year-old-cutting-class-to-fight-the-climate-crisis.

⑥ See Jean-Xavier Hecker & Hugo Dubourg, *Why COVID - 19 Could Prove to Be a Major Turning Point for ESG Investing*, J. P. Morgan (July 1, 2020), https://www.jpmorgan.com/insights/research/covid - 19 - esg-investing.

⑦ 20 世纪 50 年代,经济学家霍华德·鲍文(Howard Bowen)出于对企业权力及其对社会影响的关注,创造了"企业社会责任"一词。

件。例如,在 2018 年,题为"为可持续增长融资"的行动计划就授权欧盟机构针对金融市场中潜在的不当短期行为进行报告和建议。① 欧洲证券和市场管理局(European Securities and Markets Authority,ESMA)在一年后做出报告并拟定了一些提案,包括修订非金融风险的披露架构,以及加强对薪酬和参与标准的监管。② 此外,2020 年安永会计师事务所(Ernst & Young,EY)为欧盟委员会进行了关于董事职责和公司治理可持续性的研究,探讨了重新定义有关董事职责的法规目录的必要性,并主张在这一领域进行反思。③

在做出这些努力的同时,国际投资者团体也参与了更多有关 ESG 的协议。这里最突出的例子是"三巨头"投资企业,即贝莱德(BlackRock)、先锋(Vanguard)和道富(State Street)全球咨询公司,它们围绕 ESG 目标采取更多的行动。这三家领军的资产管理公司在影响企业决策方面拥有巨大力量:他们控制着全球 80% 的指数化资金,这使他们对全球上市公司的治理具有主导力量。④ 这三家巨头现在共同控制着所有标准普尔 500 指数公司 25% 的股份,而且这一份额还在不断增长。⑤

注重 ESG 的投资者会以各种方式来利用他们的权力影响投资的公司。部分投资者只关注并投资于 ESG 评级高的公司(并从评级低的公司撤资),而另一些则投资于没有(或尚未)参与 ESG 项目的公司,以期鼓励它们在未来努力转型(例如,通过股东决议)。⑥ 这两种策略都有其优点:前者将提高遵守 ESG 评级的被投资公司的市场地位,而后者则有望推动公司政策向 ESG 靠拢。例如,一个由机构投资者组成的大型联盟(参与者包括 Amundi、Legal & General 等)最近促使大型银行停止为碳密集型

① See European Commission, *Communication to the European Parliament, the European Council, the Council, the European Central Bank, the European Economic and Social Committee and the Committee of the Regions-Action Plan: Financing Sustainable Growth*, COM(2018) 97 final, https://eur-lex.europa.eu/legalcontent/EN/TXT/PDF/?uri=CELEX:52018DC0097&from=EN.

② See ESMA, *Report: Undue short-term pressure on corporations*, ESMA 30-22-762 (Dec. 18, 2019).

③ See EY, *Study on directors' duties and sustainable corporate governance: Final Report* (July 2020).

④ See John C. Coates Ⅳ, *The Future of Corporate Governance Part I: The Problem of Twelve*, https://corpgov.law.harvard.edu/wp-content/uploads/2019/11/John-Coates.pdf.; David McLaughlin & Annie Massa, *The Hidden Dangers of the Great Index Fund Takeover*, BLOOMBERG BUSINESSWEEK (Jan. 9, 2020), https://www.bloomberg.com/news/features/2020-01-09/the-hidden-dangers-of-the-greatindex-fund-takeover.

⑤ See Lucian Bebchuk & Scott Hirst, *Index Funds and the Future of Corporate Governance: Theory, Evidence, and Policy*, 119 Colum. L. Rev. 2029 (2019).

⑥ 每种类型的 ESG 投资都与不同的财务业绩相关联。See Amir Amel-Zadeh & George Serafeim, *Why and How Investors Use ESG Information: Evidence from a Global Survey*, 74(3) Financial Analysts Journal 87 (2018). 对于具体目标的经济效益选择,参见 Tamas Barko, Martijn Cremers & Luc Renneboog, *Shareholder Engagement on Environmental, Social and Governance Performance*, J. BUS. ETHICS, forthcoming, https://link.springer.com/article/10.1007/s10551-021-04850-z。

项目融资,扩大其环保贷款的规模,并确保高管薪酬与净零排放的目标挂钩。[①] 在另一个情形中,在 ESG 的"S"方面,道富银行在 2017 年发起一项运动,要求在公司董事会中实现性别多元化,并宣布反对其投资组合中的公司拥有全男性董事会。此后,他们确实履行了自己的承诺,对其投资组合中 476 家没有女性董事的公司中的 400 家投了反对票。[②] 这引起了有关公司的巨大反响:到 2018 年年底,这些公司中有 300 多家改组了董事会,增加了至少一名女性董事。[③]

2020 年乔治·弗洛伊德被杀事件发生后,"三巨头"也对种族公平做出了承诺,并将这一观念纳入其投票准则。例如,贝莱德公司表示,当它认为董事存在"不够多元化"的情况时,它可能会"投票反对提名和管理委员会的董事"[④]。道富也在 2021 年年度 CEO 信函中提出类似声明。[⑤] 贝莱德公司和先锋公司也反对"歧视性立法",因为该立法将会使某些社会群体更难以投票。[⑥]

但是,同样重要的是,"三巨头"之外的很多机构投资者也在逐渐认同 ESG 原则。根据 2021 年的一项调查,49% 的美国机构投资者将 ESG 因素纳入其投资决策,这与 2019 年的 22% 相比有了大幅上升。[⑦] 这个比例在大型基金中更高,达到了 72% 。此外,在尚未应用 ESG 标准的受访者中,约有 40% 的受访者正在考虑这样做,这比 2019 年的数据增加了 3 倍多。[⑧] 普华永道 2021 年的一项研究显示了更高的比例:根据他们的数据,有近 80% 的全球基金经理在投资决策中把公司如何管理 ESG 风险和机会作为一个重要因素。[⑨]

这一显著的变化表明,市场可能会主动引入 ESG 标准。换句话说,我们可以预

---

① See Attracta Mooney & Stephen Morris, *Big Banks Urged to Defund Carbon Emitters*, FIN. TIMES (Apr. 19, 2021) at p. 8.

② See Justin Baer, *State Street Votes Against* 400 *Companies Citing Gender Diversity*, WALL STREET JOURNAL (July 25, 2017), https://www.wsj.com/articles/state-street-votes-against-400-companies-citing-genderdiversity-1501029490.

③ 2019 年 7 月,所有构成标准普尔 500 指数的公司中,最后一个全部由男性成员构成董事会的公司,在其董事会中增加了一名女性成员。

④ BlackRock, *BlackRock Investment Stewardship-Engagement Priorities for* 2021 (March 2021), at p. 3. Available at https://www.blackrock.com/corporate/literature/publication/blk-stewardship-priorities-final.pdf.

⑤ See State Street Global Advisors, *CEO's Letter on Our* 2021 *Proxy Voting Agenda*, SSGA https://www.ssga.com/us/en/institutional/ic/insights/ceo-letter-2021-proxy-voting-agenda.

⑥ See David Gelles & Andrew Ross Sorkin, *Hundreds of Companies Unite to Oppose Voting Limits, but Others Abstain*, N. Y. TIMES (Apr. 14, 2021), https://www.nytimes.com/2021/04/14/business/ceos-corporateamerica-voting-rights.html.

⑦ See Callan Institute, 2021 ESG SURVEY, https://www.callan.com/blog-archive/2021-esg-survey/.

⑧ Ibid.

⑨ See PwC, Global Investor Survey: The economic realities of ESG (December 2021).

期，如果这一趋势持续发展，机构投资者最终会运用其强大的力量推动整个市场走向可持续发展，进而形成一种“自我监管”，迫使目标公司将其造成的外部效应内部化。如果这种设想实现，则会削弱监管机构干预措施的必要性。目前，越来越多的学术研究正在研究投资者参与模式可能造成的影响。例如，一些研究展示了 ESG 参与活动是如何增加目标公司的 ESG/CSR 活动及成绩。① 同行效应似乎特别重要，不同机构投资者之间的合作是成功参与的关键。② 笔者将在后文再来讨论这个具体问题。

目前阶段还不能确定 ESG 参与的最终影响有多大，具体而言，我们不确定 ESG 参与的影响力是否足以使上市公司达到《巴黎协定》的目标。③ 本文将在第五节中讨论对机构管理的确切标准，并探讨如何提供相应支持。

三、机构所有者的承诺

在探讨了机构投资者在促进企业可持续发展方面可能发挥的作用之后，本文接下来将评估这个前景是否现实以及如何实现这一前景。笔者依据三个原理，对这个问题总体上持乐观的态度。这三个原理包括对金融业供给侧和需求侧的激励措施，以及最近呈现的共同所有权趋势。

在此之前，不妨先讨论一下反对方的质疑观点。一些著名的学者认为机构投资

① See Elroy Dimson, Oğuzhan Karakaş & Xi Li, *Active ownership*, 28 Rev. Fin. Stud. 3225 (2015); Tamas Barko, Martijn Cremers & Luc Renneboog, *Shareholder Engagement on Environmental, Social and Governance Performance*, J. BUS. ETHICS, forthcoming, https://link.springer.com/article/10.1007/s10551-021-04850-z; Andreas G. F. Hoepner et al., *ESG Shareholder Engagement and Downside Risk* (Working Paper 2021), https://ssrn.com/abstract=2874252; S. Lakshmi Naaraayanan, Kunal Sachdeva & Varun Sharma, *The Real Effects of Environmental Activist Investing* (Working Paper 2020), https://ssrn.com/abstract=3483692.

② See Elroy Dimson, Oğuzhan Karakaş & Xi Li, *Coordinated Engagements*, *ECGI Finance Working Paper No.* 721/2021, http://ssrn.com/abstract_id=3209072; McCahery, J. A., Sautner, Z., Starks, L., 2016. Behind the scenes: the corporate governance preferences of institutional investors. J. Financ. 71, 2905-2932.; Cao, J., Liang, H., Zhan, X., 2019. Peer effects of corporate social responsibility. Manag. Sci. 65 (12), 5487-5503.

③ 尤其是，如前所述，机构投资者管理在受控公司中促进可持续发展的机会较小，在这些公司中，控股股东希望通过施加环境外部性来获取利润。世界上大多数公司都受到控制这一事实使这一点意义重大。参见 Alperen Afşin Gözlügöl, *Controlling Shareholders: Missing Link in The Sustainability Debate?*, OXFORD BUS. L. BLOG (July 16, 2021), https://www.law.ox.ac.uk/business-lawblog/blog/2021/07/controlling-shareholders-missing-link-sustainability-debate。

者不可能最终引导经济走向可持续发展。[①] 这里一个常见的论点是:指数基金经理缺乏足够的动机去发挥更强的管理作用。[②] 简单来说,指数基金实际上持有与竞争对手非常相似的公司投资组合中的股票。出于这个原因,任何提高其投资组合价值的投资实则都不会为他们提供相对于竞争对手的更大的优势。相反,任何参与都可能使投资组合公司的经理感到不安,他们可能更愿意将公司的储蓄用于其他基金。[③] 同样地,指数基金的资产管理人的低费率收费制度也意味着他们只能享受到一小部分在被投资公司的所有治理参与所可能带来的收益。如此小的收益无法与为了参与而要付出的成本持平。(即使收益对投资基金的受益人有足够的吸引力)还有人质疑投资者是否真的青睐可持续性金融产品,因为这会涉及利润的损失。[④] 与此相关的是,一些评论家也质疑,市场的价格机制是否能够充分应对类似气候变化这样重大的挑战。[⑤] 考虑到这些观点,过于相信市场投资者能够解决可持续发展问题似乎并不明智。这种怀疑的观点有实证上的支持。例如,已经有证据表明指数基金经理经常会在管理问题上持相当被动的立场,具体体现在公司管理中挑战高管、提出股东提案或主动推动最佳执行标准等问题上。[⑥] 在任何有争议的决策中,基金经理都会自然地站

---

① 参见 Mahoney & Mahoney, Financial Reporting Council, THE UK STEWARDSHIP CODE 2020, https://www.frc.org.uk/investors/uk-stewardship-code.; Brest et al., Financial Reporting Council, THE UK STEWARDSHIP CODE 2020, https://www.frc.org.uk/investors/uk-stewardship-code; Giovanni Strampelli, *Can BlackRock Save the Planet? The Institutional Investors' role in Stakeholder Capitalism*, Harv. Bus. L. Rev. Online (2021)。"假设机构投资者可以负责追求普遍利益目标的任务,例如应对气候变化(因此基本上代替国家行事),而这样的任务与其客户的利益是不一致的,这是不切实际的。"

② See Lucian Bebchuk & Scott Hirst, *The Power of the Big Three, and Why it Matters*, 102 B. U. L. Rev. (forthcoming Sept. 2022), http://www.law.harvard.edu/faculty/bebchuk/The_Power_of_the_Big_Three_and_Why_It_Matters.pdf.

③ See Marcel Kahan & Edward Rock, *Hedge funds in Corporate Governance and Corporate Control*, 155 U. PA. L. Rev. 1021(2007).

④ See Brest, Gilson & Wolfson, *How Investors Can (and Can't) Create Social Value*, 44 J. Corp. L. 205 (2018).

⑤ See Katharina Pistor, *Green Markets Won't Save Us*, Project Syndicate (Mar. 16, 2021), https://www.project-syndicate.org/commentary/green-markets-esg-investments-risky-bet-on-climate-change-bykatharina-pistor-2021-03.

⑥ 参见 Leo E. Strine, Jr., *Fiduciary Blind Spot: The Failure of Institutional Investors to Prevent the Illegitimate Use of Working Americans' Savings for Corporate Political Spending*, 97 Wash. U. L. Rev. 1007(2020)(强调指数基金在监控管理政治支出方面的被动性); Bebchuk & Hirst, *Index Funds and the Future of Corporate Governance: Theory, Evidence, and Policy*, 119 Colum. L. Rev. 2029(2019)(认为"三巨头"不提交股东提案)。

在现任管理层一边。[①] 此外,正如 Bebchuk 和 Hirst 所认为的那样,相对于整体人力体量而言,“三巨头”和其他大型机构投资者只有很小的团队来专门负责参与决策。[②] 有人认为,这会排除所有 ESG 所产生的有价值的影响。其他评论家则认为,投资者主导下的 ESG 转型是可能实现的,但前提是只有在打着某种有利于股东的幌子的情况下才能成功。[③] 鉴于这些反对方的批评,支持投资者授权似乎颇具挑战性。尽管如此,近期发展中所涌现出的至少三个现象,使我们对通过投资者推广 ESG 的情况更加乐观。

1. 供给侧:ESG 基金的吸引力

第一个支持 ESG 倾向的观点来自市场的供应方。尤其是当提供 ESG 产品的动机是纯粹的财务原因时,对许多基金经理,尤其是指数基金经理来说,推广可持续性的指数基金是一项特别有利可图的业务,因为这能让他们收取更高的管理费。理解这一点的关键是要明白,最初驱动指数投资的原因与如今的趋势恰恰相反:指数型基金的费用大大低于主动管理型基金,这个卖点是指数型基金成功的主要理由。[④] 但当指数投资成为主流时,它同时成为自己成功的牺牲品:当低费用的指数基金普及时,指数投资的利润率就会缩减并且造成激烈的竞争。在寻找新商机的过程中,专门的 ESG 指数为这种困局提供了一个出口。[⑤] 他们允许基金经理收取更高的管理费以提高收入。不同于对传统的、被动的指数基金收取更高的费用(这可能会阻止投资者),这种替代性市场板块使基金经理可以同时迎合那些对费用敏感的客户和关注环保的客户。[⑥]

---

① See Bebchuk & Hirst, *Index Funds and the Future of Corporate Governance: Theory, Evidence, and Policy*, 119 Colum. L. Rev. 2029 (2019); Alon Brav, Wei Jiang, Tao Li & James Pinnington, *Picking Friends Before Picking (Proxy) Fights: How Mutual Fund Voting Shapes Proxy Contests*, ECGI Finance Working Paper No 601/2019 (Mar. 2019), at 18 – 19 (finding index funds more likely than other funds to vote against hedge fund nominees in contested elections).

② See Bebchuk & Hirst, *Index Funds and the Future of Corporate Governance: Theory, Evidence, and Policy*, 119 Colum. L. Rev. 2029 (2019).

③ See Dorothy Lund & Elizabeth Pollman, *The Corporate Governance Machine*, 121 Colum. L. Rev. 2563 (2021).

④ See Edwin J. Elton, Martin J. Gruber & Christopher R. Blake, *Incentive Fees and Mutual Funds*, 58 J. Fin. 779 (2003); Marcel Kahan & Edward B. Rock, *Index Funds and Corporate Governance: Let Shareholders Be Shareholders*, 100 B. U. L. Rev. 1771 (2020).

⑤ 由于内部研究或许可第三方可持续性研究的成本,这些较高的费用部分是必要的。See Harrison Hong, *The Sustainable Investing Proposition*, 2 NBER REPORTER 23 – 26 (2019).

⑥ 在某种程度上,这种策略让人想起所谓的“监管二元论”。See Ronald J. Gilson, Henry Hansmann & Mariana Pargendler, *Regulatory Dualism as a Development Strategy: Corporate Reform in Brazil, the United States, and the European Union*, 63 Stan. L. Rev. 475 (2011).

例如,贝莱德公司的"iShares 全球清洁能源 ETF"是全球最大的 ESG 基金之一。它的基金管理费率是贝莱德普通标准普尔 500 指数 ETF 的 11 倍以上。[①] 此外,贝莱德公司的广基指数基金发现,通过突出强调其拥有多种 ESG 相关金融产品能为其自身带来更多好处:将其自身与其他普通的小型指数基金投资专家区别开来可以吸引更多新客户。大型机构投资者能够从规模经济中获益,并且其具有更强的能力去承担引入此类新产品的成本,这也会使他们拥有某些先发优势。

当然,并非所有此类基金和资产管理公司都具有同样的影响力。ESG 基金有不同的种类,并不是所有的基金都同样关心促进被投资公司的可持续发展。即使是那些只采用负面筛选的基金,比如仅仅不投资于烟草公司等领域的基金,也可能被归类为 ESG 基金。并且,大部分 ESG 基金侧重于对基金的营销和对投资者的定位,而不一定关注实质内容和形式。[②] 但这些担忧并不影响供给侧的投资者有动机提供 ESG 产品这一观点。监管者必须要解决的问题可能是建立有可比性的标准化制度。

总体来说,供给侧观点可以解释为什么现在许多公司不仅提供 ESG 投资基金,同时为其进行积极宣传这一现象。此外,基金公司还更广泛地支持 ESG 运动,为可持续发展议程进行宣传并提高投资者的相关意识,以此进一步增加需求。按照这个逻辑,存在一个明确的理由支持绿色金融工具的扩张。

2. 需求侧:千禧一代的偏好

从需求侧看,可以发现第二个相关观点。追求购买 ESG 导向的金融产品的投资者数量正在急剧增加。有相当多的证据表明,投资者的偏好正在发生变化,他们在最近几年被 ESG 投资强烈吸引。[③] 有两个关键的因素造成了这种现象:对冲经济下行风险和追求非物质的可持续投资目标。

首先,投资者的最大动机之一是对冲与社会相关的,特别是与气候变化相关的长期风险。尤其是在大型的资深机构投资者看来,气候变化及其相关的风险已被广泛

---

① See Christopher Bancroft Burnham, *BlackRock's ESG Strategy Plays Politics with Public Pensions*, BARRON's (May 28, 2020), https://www.barrons.com/articles/blackrock-is-playing-politics-with-publicpensions-51590661589.

② See Dana Brakman Reiser & Anne Tucker, *Buyer Beware: Variation and Opacity in ESG and ESG Index Funds*, 41 Cardozo L. Rev. 1921 (2020); Margaret Giles, *Not All Sustainable Funds Are Equally Sustainable*, *Morningstar Briefing* (Apr. 14, 2021), https://www.morningstar.com/articles/1033389/not-allsustainable-funds-are-equally-sustainable.

③ See Samuel M. Hartzmark & Abigail B. Sussman, *Do Investors Value Sustainability? A Natural Experiment Examining Ranking and Fund Flows*, 74 J. Fin. 2789 (2019); Marco Ceccarelli, Stefano Ramelli & Alexander F. Wagner, Low-carbon Mutual Funds, ECGI Finance Working Paper N° 659/2020, https://papers.ssrn.com/sol3/papers.cfm?abstract_id=3353239.

当作一个考量风险水平的重要指标。[①] 从这个角度看，从对具有高气候风险的资产的保费返还制度上也能反映出气候变化被视为金融风险的重要来源。正是由于这个原因，投资者对于对冲这种风险的战略颇有兴趣。[②] 重要的是，这种战略考虑已超出了气候风险的范围。已经有研究证明——对其他可持续发展和社会导向产品的投资可有效对冲下行风险。[③] 例如，当一个公司遭受声誉或经济冲击时，公司先前在有关社会责任方面的投资可以保障客户和员工的忠诚度，或者体现本公司相较于竞争对手的独特优势，以此帮助公司承受冲击。[④]

对 ESG 产品的强劲需求背后的第二个驱动力是：越来越多的散户投资者的投资理念更倾向于社会价值而不是商业利润，他们想要追求非物质的效用。这种现象最好的例证是，有一套新的价值观在主导所谓的"千禧一代"（在 20 世纪 80 年代和 90 年代出生，21 世纪初成年的人群）的投资取向。[⑤] 千禧一代的规模及其社会重要性预计将在 2030 年年初达到顶峰。[⑥] 目前，这一代人正逐步进入其财富积累阶段。在未来的几年里，大量的财富将从"X 一代"（1965 ~ 1980 年出生）的父母传给他们的千禧一代的孩子手中。据一个数据估计，这笔财富将达到 24 万亿美元。[⑦] 最重要的是，至少从外界看来，这个强大的新生代在价值观上与前几代有明显的不同。[⑧] 德勤的一项调查显示，有 63% 的千禧一代表示他们认为企业的主要目标应是"改善社会"，而不

---

① See Philipp Krueger, Zacharias Sautner & Laura Starks, *The Importance of Climate Risks for Institutional Investors*, 33 Rev. Fin. Stud. 1067 (2020).

② See Robert F. Engle et al., *Hedging Climate Change News*, 33 Rev. Fin. Stud. 1184 (2020); Stefano Giglio, Bryan Kelly & Johannes Stroebel, *Climate Finance*, 13 Annual Rev. Fin. Econ. 15 (2021).

③ See Karl v. Lins, Henri Servaes & Ane Tamayo, *Social Capital, Trust, and Firm Performance: The Value of Corporate Social Responsibility during the Financial Crisis*, 72 J. Fin. 1785 (2017); Rui Albuquerque, Yrjö Koskinen & Chendi Zhang, *Corporate Social Responsibility and Firm Risk: Theory and Empirical Evidence*, 65 Management Science 4451 (2019).

④ 例如，研究表明，在 2020 年 Covid – 19 危机期间，具有高 ESG 表现的公司的股价遭受的损失要小得多。See Rui Albuquerque et al., *Resiliency of Environmental and Social Stocks: An Analysis of the Exogenous COVID – 19 Market Crash*, 9 Rev. Corp. Fin. Stud. 593 (2020); Luboš Pástor & M. Blair Vorsatz, *Mutual Fund Performance and Flows During the COVID – 19 Crisis*, 10 Rev. Asset Pricing Stud. 791 (2020); Wenzhi Ding et al., *Corporate Immunity to the COVID – 19 Pandemic*, 141 J. Fin. Econ. 802 (2021).

⑤ See William Strauss & Neil Howe, *Millennials Rising: The Next Great Generation* (Random House, 2000).

⑥ See Richard Fry, *Millennials Overtake Baby Boomers as America's Largest Generation*, PEW RESEARCH CENTER (Apr. 28, 2020), https://www.pewresearch.org/fact-tank/2020/04/28/millennials-overtake-baby-boomers-asamericas-largest-generation/.（"千禧一代的人口预计将在 2033 年达到峰值，达到 7.49 亿。……人口普查局估计，2015 年 X 一代人口达到 6.56 亿。"）

⑦ 贝莱德首席执行官拉里·芬克称这一趋势是"历史上最大的财富转移"。See Larry Fink, 2019 *Letter to CEOs: Purpose & Profit*, https://www.blackrock.com/corporate/investor-relations/2019-larryfink-ceo-letter.

⑧ See Gillian Tett, *Millennials may forever change investing*, Fin. Times (May 7, 2021) at 19.

是"创造利润"。[①] 他们中的大多数人认为气候变化和环境问题是世界上最值得关注的问题,其重要性甚至超过了全球疫情期间的医疗问题。[②] 富达公司最近的一份报告表示,几乎 75% 的"千禧一代"(1980 ~ 2000 年出生)将自己描述为"慈善家"——这个比例比"婴儿潮一代"(1945 ~ 1965 年出生)(35%)和"X 一代"(48%)要高得多。[③]

最近的研究表明,那些在日常生活中表现得更有社会责任感、对慈善事业捐赠更多的投资者也会持有更多的具有社会责任的股票基金。这与推动 ESG 投资中的社会性偏好是一致的。[④] 这也反映出千禧一代的投资偏好与前几代人相比有很大的不同。摩根士丹利最近的一项研究报告指出,99% 的千禧一代表示对可持续投资感兴趣,而普通投资者中该比例只占 79%。[⑤] 有资料显示,长期以来,千禧一代普遍对投资回报的兴趣不大,而对其投资所产生的社会价值更为关注。[⑥] 根据富达公司的数据,43% 的千禧一代对有社会影响的企业进行了投资,而这一比例在"婴儿潮一代"和"X 一代"中分别只有 12% 和 22%。[⑦] 同时,Natixis 的一项研究显示,74% 的千禧一代希望他们的投资能"产生积极的社会影响",这一比例大大高于其他更年长的人群。[⑧] 许多其他研究也都证实了这一趋势。[⑨]

由于商业目的偏好正在发生巨大的变化,金融服务部门开始提供针对此类需求侧的产品是很合理的。[⑩] 鉴于此,许多指数基金正在努力从 ESG 的角度重新定义企

---

① See Larry Fink, 2019 *Letter to CEOs: Purpose & Profit*, https://www.blackrock.com/corporate/investor-relations/2019-larryfink-ceo-letter.

② See Deloitte, *The Deloitte Global Millennial Survey* 2020 (2020), at 9. Available at https://www2.deloitte.com/global/en/pages/about-deloitte/articles/millennialsurvey.html.

③ See Fidelity Charitable, *The Future of Philanthropy: The Evolution From Charitable Giving to Charitable Living* (2021), https://www.fidelitycharitable.org/insights/2021-future-ofphilanthropy.html.

④ See Arno Riedl & Paul Smeets, *Why Do Investors Hold Socially Responsible Mutual Funds?*, 72 J. Fin. 2505 (2017).

⑤ See Morgan Stanley Institute for Sustainable Investing, *Sustainable Signals: Individual Investors and The COVID-19 PANDEMIC* (2021). 他们将此数字部分归因于大流行期间的经济不确定性和市场波动。

⑥ See Michal Barzuza, Quinn Curtis & David H. Webber, *Shareholder Value(s): Index Fund ESG Activism and the New Millennial Corporate Governance*, 93 S. Cal. L. Rev. 1243 (2020); Amy Bell, *Young Voices Grow Louder in Company Strategies and Values*, FIN. TIMES (May 24, 2021) FTReports 10.

⑦ See Fidelity Charitable, *The Future of Philanthropy: The Evolution From Charitable Giving to Charitable Living* (2021), https://www.fidelitycharitable.org/insights/2021-future-of philanthropy.html.

⑧ "X 一代"为 71%,"婴儿潮一代"为 68%,"沉默一代"为 65%。See Natixis, 2021 *ESG Investor Insight Report*, https://www.im.natixis.com/us/research/esginvesting-survey-insight-report.

⑨ See Gillian Tett, *Millennials may forever change investing*, Fin. Times (May 7, 2021) at 19.

⑩ See Richard Henderson, *Funds prepare for future with pitch to millennials*, Fin. Times (July 25, 2019) at 19.

业价值，并提供关注股东回报以外的符合新理念的金融工具和指数基金产品。此外，一些 ESG 激进主义者正在推动基金去使用他们的投票权来提升 ESG 的价值，并为了吸引这批富裕的新生代投资者的注意而广泛地公开报道他们的努力。[①] 同样，有证据表明，投资组合公司有强烈的意愿去做有公益价值的“好事”来吸引那些财力雄厚且忠诚的投资者。[②]

这一趋势带来的另一个重要的结果是：如果以千禧一代为代表的需求方比前几代人更关心可持续发展目标，或者说，如果投资者越来越倾向于在金融市场上寻求投资的“意义”，那么投资的财务业绩就变得不再重要。最理想的情况当然是两者能同时出现，但问题是，研究还尚未明确 ESG 投资是否能带来更高的长期利润回报。由于上述原因，这个问题在本调查中的重要性较低。尽管 ESG 产品的财务表现可能并不出色，但其以高额管理费取得成功的原因是散户投资者的需求不断增加。这些散户投资者更容易进入金融市场（由于更好的金融知识和对在线投资平台的了解），并且具有非金钱的投资偏好（在财富最大化的意义上）。这就是供给侧观点和需求侧观点的重叠之处。

3. 指数基金和共同所有权

第三个支持投资者主导型可持续发展的论点建立在共同所有权现象上。在过去的几年里，“共同所有权”一词描述的现象是：一些主导当今企业格局的大型多元化机构投资者（如“三巨头”），在许多经济体的绝大多数企业中都持有大量的股份。[③] 虽然这种趋势被批评为具有反竞争效果，[④]但它确实有一些积极的意义——它青睐于支

① See Michal Barzuza, Quinn Curtis & David H. Webber, *Shareholder Value(s): Index Fund ESG Activism and the New Millennial Corporate Governance*, 93 S. Cal. L. Rev. 1243(2020).

② See Claire Economidou et al., *Does Sustainable Investing Matter to the Market?*, Working Paper (2021), https://ssrn.com/abstract=3965134.

③ See Lucian Bebchuk & Scott Hirst, *The Specter of the Giant Three*, 99 B. U. L. Rev. 721(2019). (“在过去20年里，三巨头持有的标准普尔500指数公司的平均合并股份基本上翻了两番，从1998年的5.2%增长到2017年的20.5%。”)

④ 该观点可参见 José Azar, Martin C. Schmalz & Isabel Tecu, *Anticompetitive Effects of Common Ownership*, 73 J. Fin. 1513 (2018)。相反的观点，参见 Patrick Dennis, Kristopher Gerardi & Carola Schenone, *Common Ownership Does Not Have Anti-Competitive Effects in the Airline Industry*, Federal Reserve Bank of Atlanta Working Paper 2019-5, https://doi.org/10.29338/wp2019-15。关于这项研究的一个活跃的讨论仍在进行中。更多内容参见 José Azar, Martin C. Schmalz & Isabel Tecu, *Reply to: Common Ownership Does Not Have Anti-Competitive Effects in the Airline Industry* (2018), https://ssrn.com/abstract=3168095; José Azar, Martin C. Schmalz & Isabel Tecu, *Research on the Competitive Consequences of Common Ownership: A Methodological Critique*, 66 Antitrust Bulletin 113 (2021); Mohammad Torshizi & Jennifer Clapp, *Price Effects of Common Ownership in the Seed Sector*, 66 Antitrust Bulletin 39 (2021); José Azar, Sahil Raina & Martin C. Schmalz, Ultimate Ownership and Bank Competition, 51 Fin. Mgmt. 227 (2022)。但也可以参见 Jacob Gramlich, & Serafin J. Grundl, *Estimating the Competitive Effects of Common Ownership* (2017), https://papers.ssrn.com/sol3/papers.cfm?abstract_id=294013。

持具有 ESG 价值的政策和倡议。这是因为当基金全面投资于市场各领域的时候,它会减少关注单个被投资公司的业绩,而倾向于关心整个经济体,甚至是世界经济的状况。在此背景下,学者们认为,这种共同所有权的潮流将激励他们提升被投资公司的 ESG 投入,或者至少做出支持这方面规定的决策。① 从这个角度来看,"掌握市场"的基金似乎是将大部分负面外部因素(比如环境破坏和社会差异)内部化的理想渠道。ESG 在这一领域的前景甚至比传统的公司管理的参与更有潜力,因为后者主要依赖于特定公司的分析。②

这一论点与所谓的"普遍所有者"(universal owner)假说是一致的。该观点认为,股东的参与正在成为可持续发展的有力武器。③ 这一点早在目前的 ESG 运动出现之前就已经被认识到了。④ 原因有两个:

首先,机构投资者,尤其是像养老基金这样的长期投资者认识到可持续性(包括他们所投资的公司和广泛的社会的可持续性)是兑现未来几十年的养老金的前提条件。因此,机构投资者开始认识到:用长期的视角衡量其所投资的公司是有好处的。⑤

其次,机构持股的范围至关重要。机构投资者被认为是双重意义上的"普遍所有者"。一方面,大型养老基金和指数基金共同代表了许多国家的大多数雇员和储蓄者,特别是那些司法体系有赖于私营部门管理养老金和保险的国家(如英国和美国)。另一方面,这类机构投资者倾向于在本国(和国外)的几乎所有上市公司中都持有少量但重要的股份,以此分散投资风险。这种股东角色的双重"普遍化"意味着机构投

---

① 参见 Madison Condon, *Externalities and the Common Owner*, 95 Wash. L. Rev. 1(2020)。(认为"投资者和准投资者的投资策略是与市场相匹配……这种影响市场本身的能力是前所未有的。这种独特性可以解释为什么机构投资者承担了积极主动的管理监督者的角色,并承担了下一节中讨论的许多与气候相关的公司业务")

② See Michal Barzuza, Quinn Curtis & David H. Webber, *Shareholder Value(s): Index Fund ESG Activism and the New Millennial Corporate Governance*, 93 S. Cal. L. Rev. 1243(2020).

③ See Frederick Alexander, *An Honorable Harvest: Universal Owners Must Take Responsibility for Their Portfolios*, 32(2) J. Appl. Corp. Fin. 24 (2020).

④ See Robert Monks & Nell Minow, *Watching the Watchers: Corporate Governance in the 21st Century* (Blackwell Business 1996); Robert A. G. Monks & Nell Minow, *Ownership-Based Governance: Corporate Governance for the New Millennium* (Sept. 1999), https://ssrn.com/abstract = 6148; James P. Hawley & Andrew T. Williams, *The Rise of Fiduciary Capitalism: How Institutional Investors Can Make Corporate America More Democratic* (University of Pennsylvania Press, 2000); Stephen Davis, Jon Lukomnik & David Pitt-Watson, *The New Capitalists: How Citizen Investors Are Reshaping THE CORPORATE AGENDA* (Harvard Business School Press, 2006); Simon Deakin & Richard Hobbs, *False Dawn for CSR? Shifts in regulatory policy and the response of the corporate and financial sectors in Britain*, 15 Corporate Governance 68 (2007).

⑤ See Zacharias Sautner & Laura T. Starks, *ESG and Downside Risks: Implications for Pension Funds*, Wharton Pension Research Council Working Paper No. 2021 - 10 (2021), https://repository.upenn.edu/prc_papers/708/.

资者有强烈的动机去阻止公司采取会产生负外部性(把成本转嫁给第三方或整个社会)的战略。因为,无论公司及其投资者的短期利益如何,从长远来看,这些代价将不可避免地由这些机构自己承担。① 最近,杰弗里·戈登肯定地表明:大型多元化投资者的首要职责应该是解决“系统性”风险,而不是单个公司层面的特质性风险。② 他创造了“系统性管理”这一术语,指出大多数资产管理公司的业务模式促使他们采取的政策能够减轻整个投资组合的风险,其中最明显的因素包括气候变化、金融稳定和社会稳定。类似地,约翰·科菲教授也表明:共同所有者应该合理地重点关注系统性风险,并忽略个别公司的特质风险。③ 事实上,这些多元化的投资者正在 ESG 相关问题上积极地对上市公司进行投票和游说,这些行为都遵循着该经济逻辑。④

事实上,指数投资者很少参与单个公司的活动——他们的激励措施、成本结构和相较同行的基准效应不允许这种昂贵的、公司层面的参与。相反,“三巨头”和其他公司则倾向于推广整个市场的通用标准。他们在“致 CEO 的信函”和公共政策声明中直言不讳地表明了他们的公司治理优先事项,并公开威胁要利用他们的影响力在公司不积极主动的地方推动变革。⑤ 他们尤其支持关于董事会多样性和扩大股东权利的呼吁,如代理权、年度董事选举和其他有利于股东的治理变革。⑥ 最近,他们敦促公司公开披露他们的商业模式是如何适应净零碳排放经济的计划。⑦ 鉴于被动投资者在市场中的份额,获得他们的代理投票往往对投票结果至关重要。一些激进的投资者认识到了这一点,并开始将公司治理等问题纳入他们的活动中,从而迎合被动投资者这类投票群体。

可以肯定的是,虽然“三巨头”被指责为“洗绿”(green washing,为了营销而声称

---

① 例如,养老基金的受益人和储蓄者也是对高质量就业感兴趣的雇员,以及希望呼吸无污染空气的个人。

② See Jeffrey N. Gordon, Systematic Stewardship, *ECGI Law Working Paper No.* 566/2021, https://privpapers.ssrn.com/sol3/papers.cfm?abstract_id=3782814.

③ See John C. Coffee, Jr., *The Future of Disclosure: ESG, Common Ownership, and Systematic Risk*, Col. Bus. L. Rev. 602 (2021).

④ See Elroy Dimson, Oğuzhan Karakaş & Xi Li, *Coordinated Engagements* (ECGI Working Paper January 21, 2021), https://ssrn.com/abstract=3209072 (11 November 2020).(寻找一个“由长期股东在环境和社会问题上合作影响公司的国际网络”。)

⑤ 贝莱德首席执行官拉里·芬克的年度 CEO 信已成名,并在投资界广为报道。See Andrew Ross Sorkin, *Black Rock Chief Pushes a Big New Climate Goal for the Corporate World*, New York Times (Jan. 26, 2021).

⑥ See JP Morgan, 2020 *Proxy Season Review*, https://www.jpmorgan.com/content/dam/jpm/cib/complex/content/investment-banking/2020-proxy-season/pdf0.pdf.

⑦ See Blackrock, *Larry Fink's* 2021 *Letter to CEOs*, https://www.blackrock.com/corporate/investor-relations/larryfink-ceo-letter.

推行气候导向政策),[①]但现在有证据表明大型机构确实在鼓励他们投资的公司减少碳排放,[②]甚至他们的努力已经成功地改变了被投资公司的行为。[③] 最近的一项研究表明,至少在美国以外的地区,那些公开承诺有负责任投资原则的机构投资者确实有更好的 ESG 表现。[④] 最近有一些更深入的调查。2020 年的一项研究调查了碳排放对股票回报的影响,其发现在一些资本市场中,存在传统的风险因素无法完全解释的"碳溢价"(carbon premium)现象。[⑤] 碳溢价在《巴黎协定》通过后的几年里有所增加,这表明投资者对气候问题的认识正对市场发挥着越来越重要的影响,这种气候风险一般隐含在公司层面的资产价格中。[⑥] 另一项研究表明,社会导向型投资者可以扩大

---

① See Anna L. Christie, *The Agency Costs of Sustainable Capitalism*, 55 U. C. Davis L. Rev. 875 (2021); Dana Brakman Reiser & Anne Tucker, *Buyer Beware: Variation and Opacity in ESG and ESG Index Funds*, 41 Cardozo L. Rev. 1921 (2020). "洗绿"的指控超出了"三巨头"的范围。关于企业洗绿,参见 Ellen Pei-yi Yu, Bac Van Luu & Catherine Huirong Chen, *Greenwashing in Environmental, Social and Governance Disclosures*, 52 Research in Int'l Bus. & Fin. 101192 (2020)。关于对冲企业洗绿,参见 Hao Liang, Lin Sun & Melvyn Teo, *Greenwashing: Evidence from Hedge Funds*, Working Paper (2020), https://ssrn. com/abstract = 3610627。关于 PRI 签署成员的洗绿行为,参见 Rajna Gibson Brandon, Simon Glossner, Philipp Krueger, Pedro Matos & Tom Steffen, *Do Responsible Investors Invest Responsibly?*, ECGI Finance Working Paper Series No 712/2020, https://ecgi. global/workingpaper/do-responsible-investors-invest-responsibly, p. 27 – 29。

② See Gillian Tett, *Passive Investing goes Active*, Fin. Times (Feb. 2, 2018), at 9.

③ See José Azar, Miguel Duro, Igor Kadach & Gaizka Ormazabal, *The Big Three and Corporate Carbon Emissions Around the World*, 142 J. Fin. Econ. 674 (2021) ("我们观察到,在 MSCI 指数成分股中,'三巨头'所有权与随后的碳排放之间存在强烈而稳健的负相关关系,随着这三家机构公开承诺解决 ESG 问题,这种模式在样本期的后期变得更加强烈"); Alexander Dyck, Karl V. Lins, Lukas Roth & Hannes F. Wagner, *Do Institutional Investors Drive Corporate Social Responsibility? International Evidence*, 131 J. Fin. Econ. 639 (2019) ("我们发现,更大的机构所有权与更高的企业 E&S 分数相关。这一结果不仅具有统计学意义,而且具有经济意义"); Madison Condon, *Externalities and the Common Owner*, 95 Wash. L. Rev. 1(2020)(描述了一个机构投资者联盟如何说服荷兰皇家壳牌公司启动一项大规模计划,以减少其首席执行官所定义的"烦琐而繁重的净碳足迹").

④ See Gibson Brandon, Simon Glossner, Philipp Krueger, Pedro Matos & Tom Steffen, *Do Responsible Investors Invest Responsibly?*, ECGI Finance Working Paper Series No 712/2020, https://ecgi. global/working paper/do-responsible-investors-invest-responsibly; Anne Lafarre, *Do Institutional Investors Vote Responsibly?*, TILEC Discussion Paper No 2022 – 001 (April 2022), https://ssrn. com/abstract = 4042907 (finding that EU institutional investors, unlike their U. S. counterparts, do indeed pursue sustainable agendas); Philipp Krueger, Zacharias Sautner & Laura Starks, *The Importance of Climate Risks for Institutional Investors*, 33 Rev. Fin. Stud. 1067 (2020)(发现许多投资者,尤其是长期、大型和以 ESG 为导向的投资者,认为风险管理和参与而不是撤资是应对气候风险的更好方法).

⑤ See Patrick Bolton & Marcin Kacperczyk, *Do Investors Care about Carbon Risk?*, 142 J. Fin. Econ. 517 (2021) (分析 2005 年至 2017 年间美国企业排放对股票收益横截面的影响); Patrick Bolton & Marcin Kacperczyk, *Global Pricing of Carbon-Transition Risk*, J. Fin., forthcoming; NBER Working Paper No. 28510 (2021), https://www. nber. org/system/files/working_papers/w28510/w28510. pdf.

⑥ See Darwin Choi, Zhenyu Gao & Wenxi Jiang, *Attention to Global Warming*, 33 Rev. Fin. Stud. 1112 (2020) (发现在高温时期,高排放股票的表现逊于低排放股票); Irene Monasterolo & Luca de Angelis, *Blind to carbon risk? An analysis of stock market reaction to the Paris Agreement*, 170 Ecological Economics 106571 (2020) (显示由高碳排放发行人组成的指数与由低碳排放发行人组成的指数的相关性下降,《巴黎协定》缔结后低碳密集指数的系统性风险显著降低).

美国环境保护局采取的官方执法活动的影响。①

当然,“搭便车”效应也存在于一般规则的制定活动中。但有三个因素使其作为一种干预方式,相比逐个纠正个别公司的治理,可以起到更显著的效果。第一,虽然对于特定的投资对象来说,退出是一种理性的策略,但对于整个市场的规则来说并不理性。因此,只能在干预和“搭便车”(但不是退出)之间做出选择。但即使在存在“搭便车”行为的情况下对 ESG 规则的内容施加影响仍会产生积极的回报。布罗卡多、哈特和津加莱斯认为,在竞争性市场中,发声比退出能更有效地推动企业担当起社会责任。换言之,参与胜过撤资。② 第二,鉴于共同所有者不能轻易退出市场,每个机构都认识到,如果不亲自参与并影响变革,那么他们的自身利益可能会在其他机构的参与过程中受到损害。因此,机构投资者的一个普遍策略是协调游说那些可以使他们的共同福利最大化的法规。第三,投资者群体的协调努力可以抵御政府方面更多的干预性行为。③ 因此,自我监管标准和 ESG 运动对投资者特别有吸引力。④

随着近年来大型指数基金的影响力不断增强,它们的角色也从单纯的被动投资者不断变化。最大的被动投资者现在开始响应积极参与管理的呼吁。贝莱德、先锋和道富最近扩大了他们的公司治理团队,并使他们与管理层的互动更加透明。⑤ 大型的主动和被动基金的投资管理团队都已经显著增加,其中一些基金的管理团队规模在过去 10 年里翻了一倍。⑥ 2021 年的一项调查发现,85% 的指数基金在行使投票权时更加关注 ESG。⑦ 这样一来,被动参与和主动参与之间的界限就模糊了,传统上沉

---

① See Sudipto Dasgupta, Thanh Huynh & Ying Xia, *Joining forces: The Spillover Effects of EPA Enforcement Actions and the Role of Socially Responsible Investors*, CEPR Discussion Paper 16584 (2021), https://cepr.org/active/publications/discussion_papers/dp.php? dpno = 16584.

② See Eleonora Broccardo, Oliver Hart & Luigi Zingales, *Exit vs. Voice*, Working Paper (December 2020), https://scholar.harvard.edu/files/hart/files/exit_vs_voice_1230.pdf.

③ See John L. Campbell, *Why Would Corporations Behave in Socially Responsible Ways? An Institutional Theory of Corporate Social Responsibility*, 32 Acad. of Mgmt. Rev. 946 (2007); David Vogel, *The Private Regulation of Global Corporate Conduct*, 49 Bus. & Soc'y 68 (2010).

④ See Michal Barzuza, Quinn Curtis & David H. Webber, *Shareholder Value(s): Index Fund ESG Activism and the New Millennial Corporate Governance*, 93 S. Cal. L. Rev. 1243(2020); Gillian Tett, Passive Investing Goes Active, Fin. Times (Feb. 2, 2018) at 9.

⑤ See Madison Marriage, BlackRock, *Vanguard and State Street Bulk up Governance staff*, FIN. TIMES (Jan. 28, 2017), https://www.ft.com/content/657b243c - e492 - 11e6 - 9645 - c9357a75844a.

⑥ See Morrow Sodali, Institutional Investor Survey 2021, https://morrowsodali.com/insights/institutional-investor-survey-2021.

⑦ Ibid.

默的投资者正越来越多地接受 ESG 激进主义者的活动和策略。[①]

四、团队建设

最后一个有利于投资者主导的可持续性的最突出的现象是:不同类型的 ESG 导向的投资者之间会通过合作来支持 ESG 的参与和行动。[②] 这种合作模式首先呈现在传统的股东激进主义(shareholder activism),后在绿色行动主义(green activism)的背景下正变得越来越重要。[③] 董事会中心主义人员有时会把这种趋势称为对董事会的"钳形攻击"[④]。但是,我们将在下文中看到,建立联盟已经成为 ESG 激进主义中一个非常有价值的组成部分,特别是通过制度化规范合作平台这一方式。

1. 股东参与的传统合作模式

从历史背景的角度出发,在传统的公司治理中,机构投资者之间合作越发密切的现象已经存在一段时间了。这种趋势被认为是最能激发股东参与的现象之一,因为它旨在改善管理层的问责制、克服传统的"搭便车"问题,并可缓解对股东因过分理性而冷漠的担忧。[⑤] 尽管对冲基金一直以来被指责仅为了追求自己的营利而服务于股

① See Richard J. Grossman & Neil P. Stronski, *New Tactics and ESG Themes Take Shareholder Activism in New Directions*, Skadden, Arps, Slate, Meagher & Flom LLP memo (Feb. 3, 2021), https://www.skadden.com/insights/publications/2021/02/the-informed-board/new-tactics-and-esg-themes; Gillian Tett, Passive investing goes active, Fin. Times (Feb. 2, 2018), at 9.

② 先锋集团董事长兼首席执行官威廉·麦克纳布表示:"为了了解全貌,我们还经常与其他投资者接触,包括活动家和股东支持者。" See Vanguard, *An open letter to directors of public companies worldwide* (Aug. 31, 2017), https://global.vanguard.com/documents/investment-stewardship-mcnabb-letter.pdf.

③ 针对那些重点关注环境问题的股东提案,参见 Robert Monks, Anthony Miller & Jacqueline Cook, *Shareholder Activism on Environmental Issues: A Study of Proposals at Large US Corporations* (2000 - 2003), 28 Nat. Resources F. 317 (2004); Giovanna Michelon & Michelle Rodrigue, *Demand for CSR: Insights From Shareholder Proposals'*, 35 Soc. & Envtl. Accountability J. 157 (2015); Erwin Eding & Bert Scholtens, *Corporate Social Responsibility and Shareholder Proposals*, 24 Corp. Soc. Resp. & Envtl. Mgmt. 648 (2017); Viju Raghupathi, Jie Ren, Wullianallur Raghupathi, *Identifying Corporate Sustainability Issues by Analyzing Shareholder Resolutions: A Machine-Learning Text Analytics Approach*, 12 Sustainability 4753 (2020)。

④ Andrew R. Brownstein, Steven A. Rosenblum & Trevor S. Norwitz, *The ESG/TSR Activist "Pincer Attack"*, Harvard Law School Forum on Corporate Governance (Jan. 26, 2021), https://corpgov.law.harvard.edu/2021/01/26/the-esg-tsr-activist-pincer-attack/.

⑤ See Marcel Kahan & Edward B. Rock, Embattled CEOs, 88 Tex. L. Rev. 987 (2010); Ronald J. Gilson & Jeffrey N. Gordon, *The Agency Costs of Agency Capitalism: Activist Investors and the Revaluation of Governance Rights*, 113 Colum. L. Rev. 863 (2013); Wolf-Georg Ringe, *Shareholder Activism: A Renaissance*, in The Oxford Handbook of Corporate Law And Governance 387 (Jeffrey N. Gordon & Wolf-Georg Ringe, eds., 2018). 最近提供证据的参见 Simi Kedia, Laura T. Starks & Xianjue Wang, *Institutional Investors and Hedge Fund Activism*, 10 Rev. Corp. Fin. Stud. 1 (2021)。

东的异质性利益，但激进主义的对冲基金凭借其特殊激励结构有望彻底克服此类集体行为问题。[①] 正如上文所论述的，这种对冲基金需要较大规模的、传统的被动机构投资者（如养老基金或共同基金）的支持。这些被动机构投资者在实际运作中可以作为一个"审查机制"，即资产管理人只有在确定拟议的行动对整个股东群体有利时才会给予支持。[②] 因此，养老基金、基金会和主权财富基金等传统投资者将成为长期价值的维护者。[③] 事实上，许多案例表明，基金管理人比以前更倾向于为长期投资决策投票。[④] 这种影响力也会有助于公司回避一些争议，如支付过高的高管薪酬或进行金额过大的投资。[⑤] 这样一来，激进主义基金和大型机构投资者通过"联合"形成了一个制衡体系，不仅提高了股东激进主义的可信度和合法性，同时也成为一个过滤器，确保基金只支持对股东有价值的活动。[⑥]

2. ESG 协作

目前，ESG 激进主义活动中也越来越多地出现这种建立联盟的现象，这对于投资者主导的可持续发展来说是一个很好的迹象。最近一段时间，在 ESG 激进主义方面最突出的事件发生在一个名为"一号发动机"（Engine 1 号）的"关注社会影响的基金"身上，它向石油巨头埃克森美孚公司发起了一项激进主义商业行动。从 2020 年 12 月开始，这个小小的对冲基金向埃克森美孚发起了一场代理权争夺战。埃克森美孚被指未能充分回应不断变化的能源需求和排放标准。在接下来的几个月里，

---

① 德国社民党前主席弗朗茨·明特弗林（Franz Müntefering）著名地将对冲基金比作蝗虫，蝗虫"落在公司身上，在继续前进之前剥光它们"。See THE ECONOMIST, *Locust, pocus*, May 5, 2005, https://www.economist.com/special-report/2005/05/05/locust-pocus.

② See Wolf-Georg Ringe, *Shareholder Activism: A Renaissance*, in The Oxford Handbook of Corporate Law And Governance 387 (Jeffrey N. Gordon & Wolf-Georg Ringe, eds., 2018).

③ See Frank A. J. Wagemans, C. S. A. (Kris) van Koppen & Arthur P. J. Mol, *Engagement on ESG Issues by Dutch Pension Funds: Is it Reaching its Full Potential?*, 8 J. OF Sustainable Fin. & Investment 301 (2018); Natalia Semenova & Lars G. Hassel, *Private Engagement by Nordic Institutional Investors on Environmental, Social, and Governance Risks in Global Companies*, 27 Corp. Gov.: AN Int'L Rev. 144 (2019); Hao Liang & Luc Renneboog, *The Global Sustainability Footprint of Sovereign Wealth Funds*, 36 Oxford Rev. OF Econ. Pol'y 380 (2020).

④ See Laura Starks, Parth Venkat & Qifei Zhu, *Corporate ESG Profiles and Investor Horizons* (2017), https://ssrn.com/abstract = 3049943; Ioannis Oikonomou, Chao Yin & Lei Zhao, *Investment horizon and Corporate Social Performance: The Virtuous Circle of Long-term Institutional Ownership and Responsible firm Conduct*, 26 Eur. J. Fin. 14 (2020).

⑤ See Dominik Breitinger, *What is Shareholder Activism and How should Businesses Respond?*, World Economic Forum (August 2017), https://www.weforum.org/agenda/2017/08/shareholder-activism-businessresponse-explainer.

⑥ See Lucian A. Bebchuk, Alon Brav & Wei Jiang, *The Long-Term Effects of Hedge Fund Activism*, 115 Colum. L. Rev. 1085 (2015); Alon Brav, Wei Jiang & Hyunseob Kim, *The Real Effects of Hedge Fund Activism: Productivity, Asset Allocation, and Labor Outcomes*, 28 Rev. Fin. Stud. 2723 (2015); Ed de Haan, David Larcker & Charles McClure, *Long-term Economic Consequences of Hedge Fund Activist Interventions*, 24 Rev. Acct. Stud. 1573 (2019).

Engine 1 号不断向埃克森美孚公司施压,它敦促埃克森公司削减资本支出,并着力于加速而不是推迟向清洁能源的过渡。这项活动在 2021 年 5 月 26 日举行的股东大会上达到了高潮。2021 年 5 月 26 日,Engine 1 号成功地说服了其他股东支持三位其提名的董事,这一行为沉重打击了现任管理层。[①]

有趣的是,这家对冲基金在市值为 2480 亿美元的公司中只持有 5400 万美元的股份(仅占 0.02%)。其成功的关键就是建立联盟。Engine 1 号在活动之初就与美国第二大养老基金——加州教师退休系统(CalSTRS)建立了伙伴关系。[②] 此后不久,英国教会也加入了这两个投资者的行列,并为活动提供了进一步的支持。[③] 在股东投票之前,该团队还成功地说服了其他有影响力的基金来进一步支持该运动,如加州公职人员退休系统(CalPERS)和纽约州共同退休基金。[④] 据报道,埃克森公司的两个最大的股东——黑石和先锋也给 Engine 1 号的四个董事候选人中的至少三个投了赞成票。[⑤] 这一联盟被证明对运动的胜利至关重要,并可能预示着股东激进主义进入了一个新时代。[⑥] 至此,投资者联盟不仅成功地撼动了埃克森美孚公司,还为整个 ESG 运

---

① See Derek Brower, *ExxonMobil Shareholders Hand Board Seats to Activist Nominees*, FIN. TIMES (May 26, 2021), https://www.ft.com/content/da6dec6a-6c58-427f-a012-9c1efb71fddf.

② See Derek Brower, *ExxonMobil Shareholders Hand Board Seats to Activist Nominees*, FIN. TIMES (May 26, 2021), https://www.ft.com/content/da6dec6a-6c58-427f-a012-9c1efb71fddf.

③ See Ortenca Aliaj, Derek Brower & Myles McCormick, *Exxon Mobil under Pressure as Church of England Joins Investor Campaign*, Fin. Times (Dec. 10, 2020) https://www.ft.com/content/c0639fb0-d81f-4ee9-8d58-d8e8da05c454.

④ See Jennifer Hiller & Svea Herbst-Bayliss, *CalPERS to Back Activist's Four Director Nominees in Exxon board fight*, REUTERS (Apr. 27, 2021), https://www.reuters.com/business/energy/calpers-back-activists-four-directornominees-exxon-board-fight-2021-04-26/.; Businesswire, *Leading Pension Funds CalPERS, CalSTRS, and New York State Common Support Engine No. 1's Campaign to Reenergize ExxonMobil by Voting the WHITE Proxy Card "FOR ALL" of Engine No. 1's Director Candidates* (Apr. 27, 2021), https://www.businesswire.com/news/home/20210427005386/en/Leading-Pension-Funds-CalPERS-CalSTRSand-New-York-State-Common-Support-Engine-No.-1%E2%80%99s-Campaign-to-Reenergize-ExxonMobil-byVoting-the-WHITE-Proxy-Card-%E2%80%9CFOR-ALL%E2%80%9D-of-Engine-No.-1%E2%80%99sDirector-Candidates.

⑤ See Alastair Marsh & Saijel Kishan, *Engine No. 1's Exxon Win Provides Boost for ESG Advocates*, Bloomberg (May 27, 2021), https://www.bloomberg.com/news/articles/2021-05-27/engine-no-1-s-exxon-win-signalsturning-point-for-esg-investors; Bernice Napach, *BlackRock and Vanguard Played Key Roles in Exxon's Shareholder Proxy Vote*, THINKADVISOR (May 27, 2021), https://www.thinkadvisor.com/2021/05/27/blackrockand-vanguard-played-key-roles-in-exxons-shareholder-proxy-vote/.

⑥ See Matt Phillips, *Exxon's Board Defeat Signals the Rise of Social-Good Activists*, N. Y. TIMES (June 11, 2021).

动带来了重大胜利。[①]

其他相关的例子比比皆是。[②] 2020 年 1 月,激进主义对冲基金 Elliott 管理公司给美国公用事业公司 Evergy 的董事会发送了一封信。在信中,Elliott 批评该公司缺乏碳减排目标,并称 Evergy 应该成为脱碳系统投资的领导者,这将有助于公司的动力由煤炭向可再生资源过渡。一年后,双方宣布达成协议:Evergy 公司承诺继续着力于可持续发展转型计划,而 Elliott 公司同意支持现任管理层,直到 2022 年的年度股东大会。[③] 同样,其他机构公司的支持也发挥了重要作用,特别是支持该交易的 Bluescape Energy Partners。[④]

一向激进的对冲基金儿童投资基金(TCI)近年来也将注意力转向了 ESG。2020 年,该儿童投资基金发起了一个名为"气候发言权"的运动来呼吁股东就气候政策进行投票。[⑤] 他们向七家在美国上市的发行人提交了决议,其中包括穆迪、标普全球、联合太平洋铁路公司、特许通讯公司、谷歌的母公司、加拿大太平洋铁路公司和加拿大国民公司。决议要求这些公司每年披露他们的温室气体排放量,制定一个管理排放的计划,并就该计划举行年度咨询投票。在西班牙机场运营商 Aena 的案例中,TCI 成功促成了世界上第一个"气候发言权"投票的引入。[⑥] 同样地,贝莱德公司也支持推进对气候计划进行咨询性投票,并在一份投票公告中说:"鉴于 Aena 公司的商业模式存在重大风险,加速推动对 Aena 公司的咨询性投票是有利的。"[⑦]

2020 年 10 月,消费品公司宝洁(P&G)的股东们在一次关于公司积极防止供应链上的森林砍伐的投票中获得成功。67% 的宝洁公司股东以压倒性的投票赞成绿色世

---

① 2021 年 10 月,一号发动机现在已经入股汽车制造商通用汽车,但这一次是为了支持该公司向生产更环保的电动汽车迈进。See Press Release, *Engine No. 1 Announces Support for General Motors Co. 's Transformative Electric Vehicle Plan in Advance of Automaker's Investment Day* (Oct. 4, 2021), https://www.businesswire.com/news/home/20211004005876/en/Engine-No. -1-Announces-Support-for-GeneralMotors-Co. %E2%80%99s-Transformative-Electric-Vehicle-Plan-in-Advance-of-Automaker%E2%80%99sInvestment-Day.

② 更多相关讨论参见 Brownstein, Rosenblum & Norwitz, Andrew R. Brownstein, Steven A. Rosenblum & Trevor S. Norwitz, *The ESG/TSR Activist "Pincer Attack"*, Harvard Law School Forum on Corporate Governance (Jan. 26, 2021), https://corpgov.law.harvard.edu/2021/01/26/the-esg-tsr-activist-pincer-attack/。

③ See David French, *U. S. Utility Evergy Adds Directors in new Agreement with Activist firm Elliott*, REUTERS (Feb. 26, 2021), https://www.reuters.com/article/us-evergy-elliott-idUSKBN2AQ294.

④ Ibid.

⑤ See Tim Human, *TCI goes global with "say on climate" campaign* (Dec. 2, 2020), https://www.corporatesecretary.com/articles/esg/32358/tci-goes-global-%E2%80%98say-climate%E2%80%99-campaign.

⑥ See Tim Human, *Aena adopts annual advisory vote on climate plan*, IR MAGAZINE (Nov. 5, 2020), https://www.irmagazine.com/reporting/aena-adopts-annual-advisory-vote-climate-plan.

⑦ BlackRock Investment Stewardship Group, *Voting Bulletin: AENA S. M. E. SA*, https://www.blackrock.com/corporate/literature/press-release/blk-vote-bulletin-aena-oct-2020.pdf.

纪基金提出的决议,该决议要求公司就供应链端如何以及是否能够消除森林砍伐并保持森林完整性的问题做出报告。[①] 这一投票也得到了“三巨头”资产管理公司的大力支持。[②] 同样,软件巨头甲骨文公司的管理层也在股东投票中败选,因为有报告称该公司内不同种族和性别的员工薪酬存在差距,该投票也得到了贝莱德、先锋和道富的支持。[③] 另一个略有不同的例子是被广泛报道的对冲基金 Jana Partners 针对 IT 巨头苹果公司发起的运动,该基金要求苹果公司在其设备上提供更多的功能,以便使父母能够更好地管理孩子的屏幕使用时间。Jana Partners 公司寻求了社会活动家和摇滚明星 Sting 的声援。最重要的是,这次活动再次与以 ESG 为导向的养老基金 CalSTRS 合作,这对活动的成功产生了至关重要的作用。[④] 该活动说服苹果公司做出了回应:苹果公司几个月后在其设备上推出了一个新的“屏幕使用时间”功能。[⑤]

最新的一个现象是,ESG 运动可能不仅是由激进主义的基金或光环基金发起的,也可能是由被动的资产管理人自己推动的。例如,最近有报道称,纽约州共同退休基金正在与世界上最大的六家银行的股东联系,试图说服他们支持一项迫使银行将其政策与 2050 年的净零目标相统一的计划。[⑥]

3. 制度化的平台

不同投资者之间的联盟有时会只因为个别运动而建立,而有时则会自发地制度化。其中最成功的一个例子是,名为“气候行动 100 +”的倡议吸引了 570 多个投资者,管理资产超过了 54 万亿美元。[⑦] 该倡议的目标是让公司参与改善气候变化的治理、减少排放,并加强与气候相关的财务披露。“气候行动 100 +”于 2017 年 12 月一

---

① See Alistair Gray & Patrick Temple-West, *Investor Rebellion at Procter & Gamble over Environmental Concerns*, FIN. TIMES (Oct. 14, 2020), https://www.ft.com/content/1dd92502-e95b-4c21-be1c-c18a598acf1a.

② See Jackie Cook & Lauren Solberg, *Hints of Sea Change in Big Fund Company ESG Proxy Votes*, MORNINGSTAR (May 12, 2021), https://www.morningstar.com/articles/1039244/hints-of-sea-change-in-big-fund-company-esgproxy-votes.

③ See Jackie Cook & Lauren Solberg, *The 2021 Proxy Voting Season in 7 Charts*, MORNINGSTAR (Aug. 5, 2021), https://www.morningstar.com/articles/1052234/the-2021-proxy-voting-season-in-7-charts.

④ See Robert G. Eccles, *Why an Activist Hedge Fund Cares Whether Apple's Devices Are Bad for Kids*, HARV. BUS. REV. (January 2018), https://hbr.org/2018/01/why-an-activist-hedge-fund-cares-whether-apples-devicesare-bad-for-kids.

⑤ See Sarah Perez, *Apple Unveils New Screen Time Controls for Children*, TECHCRUNCH (June 4, 2018), https://techcrunch.com/2018/06/04/apple-unveils-new-screen-time-controls-for-children/.

⑥ See Camilla Hodgson, *New York State Pension Fund Urges Bank Shareholders to Back Climate Demands*, FIN. TIMES (Apr. 13, 2022) at p. 8.

⑦ See https://www.climateaction100.org/about/.

经启动就立即获得了全世界的关注。它在统一协调活动的同时，也让各个独立的活动和地理区域自身承担一定的领导责任，从而分担了激进主义活动的成本。[①] 2020年1月，贝莱德加入了"气候行动100+"，成为该活动签署者中的众多知名组织之一（其他组织包括CalPERS、CalSTRS、富达、摩根大通资产管理，以及纽约市和纽约州的养老基金）。联合国已将"气候行动100+"确定为"应对全球变暖的最有影响的全球倡议"之一。[②]

但联盟也并不总是必须有大量的参与者才能产生有意义的影响。2021年4月，两个投资者团体——贝莱德和新加坡主权财富基金淡马锡，决定合作建立名为"脱碳伙伴"的制度化合作关系，并承诺提供6亿美元来推进解决脱碳的方案。[③] 此外，广泛的国际投资者倡导团体代表个人和机构投资者提交股东决议、跟进活动，以此抵御被投资公司管理层所造成的法律问题。这类团体包括As You Sow、Follow This、Majority Action、Shareholder Association for Research and Education、the Shareholder Commons、Share Action和Investor Advocates for Social Justice。[④] 几个机构同时"共同提交"股东决议也呈现出一种日渐增长的趋势。[⑤]

用一个例子可以解释平台的运作方式及其与股东激进主义者的互动方式，那就是2021年一些大型石油和天然气公司达成的股东决议。大型石油公司雪佛龙、康菲石油和菲利普斯66的股东们支持以温室气体大幅减排为目标的决议。[⑥] 这些决议是由利益团体Follow This提出的，并获得了大多数股东的批准，比如菲利普斯66中的股东投票要求该公司发布一份报告，说明其游说活动是如何与《巴黎协定》的目标达

---

① See Ronald J. Gilson, Henry Hansmann & Mariana Pargendler, *Regulatory Dualism as a Development Strategy: Corporate Reform in Brazil*, the United States, and the European Union, 63 Stan. L. Rev. 475 (2011); Anna L. Christie, *The Agency Costs of Sustainable Capitalism*, 55 U. C. Davis L. Rev. 875 (2021).

② See Matteo Tonello, 2021 *Proxy Season Preview and Shareholder Voting Trends*, Harvard Law School Forum on Corporate Governance (Feb. 11, 2021), https://corpgov.law.harvard.edu/2021/02/11/2021-proxy-season-preview-and-shareholder-voting-trends-2017-2020/.

③ See Jonathan Shieber, *Temasek and Black Rock form Decarbonization Partners with $600 million to Create a Zeroemission Economy*, TechCrunch (Apr. 13, 2021), https://techcrunch.com/2021/04/13/temasek-and-blackrockform-decarbonization-partners-with-600-million-to-create-a-zero-emission-economy/.

④ See Jackie Cook & Lauren Solberg, *The* 2021 *Proxy Voting Season in* 7 *Charts*, Morningstar (Aug. 5, 2021), https://www.morningstar.com/articles/1052234/the-2021-proxy-voting-season-in-7-charts.

⑤ See Jackie Cook & Lauren Solberg, *The* 2021 *Proxy Voting Season in* 7 *Charts*, Morningstar (Aug. 5, 2021), https://www.morningstar.com/articles/1052234/the-2021-proxy-voting-season-in-7-charts.

⑥ See Pinsent Masons, *Institutional Shareholders Push for Climate Change Commitments* (June 18, 2021), https://www.pinsentmasons.com/out-law/analysis/institutional-shareholders-push-for-climate-changecommitments.

成一致。最重要的是,这份关于游说决议的投票得到了"气候行动 100 +"的支持。[①] 股东代理咨询团体 ISS 也对菲利普斯 66 公司的投票表示支持,它建议股东们投票支持该提案,同时指出该公司关于年度排放量的报告落后于同行。

已经有几项学术研究调查了实践中不同类型的机构投资者之间建立的联盟的演变历程,所有相关研究都证实了这种合作正在明显增加。埃尔罗·伊迪姆森与其共同作者最近的一项研究记录了大量的合作参与案例,这些合作是由一个杰出的国际长期股东网络进行的,他们通过合作在 ESG 问题上影响目标公司。[②] 与众不同的是,他们发现投资者倾向于选择一种"两级参与"战略(two-tíer engagement strategy):将一个牵头的投资者(引领对话)与几个支持性的投资者(通常是主要的投资者)结合起来。事实证明,这一战略不仅在实现既定的参与目标方面非常有效,同时还可以提高目标绩效。这项研究主要基于联合国 PRI 所提供的合作平台的数据,PRI 是一个全球最大的、领头的网络平台,服务于那些致力于投资负责任的所有权和追求长期可持续回报的投资者。

其他研究人员已经证实了已建立的网络对进一步开展 ESG 活动的重要性。事实上,一些研究已经说明了,"投资者驱动的治理网络"(IGNs)是私人环境治理基础设施的关键组成部分。IGNs 是由投资者领导的联盟或同盟,围绕特定的公共利益或公共问题(如气候)而建立,其中主要的行动者就是投资者。[③] 此类 IGNs 包括碳披露项目(Carbon Disclosure Project, CDP)、企业责任多宗教中心(Interfaith Centeron Corporate Responsibility, ICCR)、环境负责任经济体联盟(Coalition for Environmentally Responsible Economies,CERES)、反对种族灭绝投资者联盟、可持续金融市场网络和机构投资者气候变化小组(Institutional Investors Group on Climate Change,IIGCC)。这种目的驱动的网络是未来实现特定的宣传任务而被定制的,其

① See ClimateAction 100 + , *In Historic Votes*, *Shareholders Demand Strong Climate Action from the U. S. Oil and Gas Industry* (May 12, 2021), https://www. climateaction100. org/news/in-historic-votes-shareholders-demandstrong-climate-action-from-the-u-s-oil-and-gas-industry/.

② See Elroy Dimson, Oğuzhan Karakaş & Xi Li, *Coordinated Engagements*, ECGI Finance Working Paper No. 721/2021, http://ssrn. com/abstract_id = 3209072.

③ See Michael MacLeod & Jacob Park, *Financial Activism and Global Climate Change*: *The Rise of InvestorDriven Governance Networks*, 11(2) Global Envtl. Pol. 54 (2011); Aimei Yang, Nur Uysal & Maureen Taylor, Unleashing the Power of Networks: Shareholder Activism, Sustainable Development and Corporate Environmental Policy, 27 Bus. Strategy and The Env'T 712 (2018).

严格程度各不相同。一些网络倾向于与传统机构投资者合作，如养老基金和共同基金。① 其他的则更专注于强调联盟在促进股东参与 ESG 问题方面所发挥的作用。② 准确地讲，他们不仅传播与他们的主题有关的信息、提出行动战略和策略，同时他们也给寻求影响公司的个人和机构股东们提供了连接点，以帮助运动实现成本分担。③ 另一个新趋势是现有股东联盟之间的合作增加。④ 如最近发起的“净零碳排放资产管理者倡议”是一个“网络中网络”的模式，将诸如 CERES、PRI 和 IIGCC 等平台聚集在一起，共同承诺推动他们所投资的公司在 2050 年之前将其温室气体净排放量降至为零。⑤ 在这一倡议的签署者中，包含了“三巨头”和全球许多其他资产管理公司。

4. 评级、指数和代理顾问

然而，合作并不仅仅发生在双边层面。中介机构通过帮助投资者更好地评估其投资组合公司的 ESG 表现的方式，在促进 ESG 参与和投资方面正发挥着越来越突出的作用。正如我们在上面看到的，企业有强烈的意愿通过参与 ESG 活动来做“好事”。然而，为了吸引投资者，他们的做法需要通过外部评级系统被市场所看到。⑥ 因此，ESG 评级和 ESG 指数最近在数量、质量、复杂性和种类上都有所增加。⑦ 产生这一现象的原因是投资者的需求急剧增加，同时监管压力不断加大。ESG 评级是一个评分体系，目标公司的各项 ESG 表现可以通过这个体系被系统地评估和衡量，进而为该公司打出一个综合的 ESG 分数。与之相对的 ESG 指数是一个可投资指数，通常 ESG 指数汇总中每个公司的 ESG 绩效是基于市值加权计算得来。⑧ 关键的是，这两种评价都不包括任何财务业绩指标。

---

① See Michael MacLeod & Jacob Park, *Financial Activism and Global Climate Change: The Rise of InvestorDriven Governance Networks*, 11 (2) Global Envtl. Pol. 54 (2011); Aimei Yang, Nur Uysal & Maureen Taylor, Unleashing the Power of Networks: Shareholder Activism, Sustainable Development and Corporate Environmental Policy, 27 Bus. Strategy AND The Env'T 712 (2018).

② See Gary J. Cundill, P*alie Smart & Hugh N. Wilson*, *Non-financial Shareholder Activism: A Process Model for Influencing Corporate Environmental and Social Performance*, 20 Int'l J. Mgmt. Rev. 606 (2018).

③ See Gary J. Cundill, P*alie Smart & Hugh N. Wilson*, *Non-financial Shareholder Activism: A Process Model for Influencing Corporate Environmental and Social Performance*, 20 Int'l J. Mgmt. Rev. 615 (2018).

④ See David Grayson & Jane Nelson, Corporate Responsibility Coalitions: The Past, Present, And Future of Alliances For Sustainable Capitalism (Stanford University Press 2020), https://www.degruyter.com/document/doi/10.1515/9780804787109/html.

⑤ See https://www.iigcc.org/.

⑥ Claire Economidou et al., *Does Sustainable Investing Matter to the Market?*, Working Paper (2021), available at https://ssrn.com/abstract=3965134.

⑦ See Michael S. Pagano et al., *Understanding ESG ratings and ESG indexes*, in Research Handbook of Finance and Sustainability 339 (Sabri Boubaker, Douglas Cumming & Duc K. Nguyen, eds., 2018).

⑧ 著名的例子包括道琼斯可持续发展指数和富时 4 良好指数。

为投资者更好地了解公司的 ESG 活动提供服务的行业如雨后春笋般出现。现在已经有许多评级机构专门从事根据 ESG 标准来评估公司的服务。目前领先的评估机构包括 MSCI、ESG Research、Sustainalytics、Institutional Shareholder Services (ISS)、RobecoSAM 和 Refinitiv。

然而,近年来这个市场发生了很大的变动。例如,可持续发展投资公司 RobecoSAM 在 2019 年将其 ESG 评级业务出售给了标普全球;Sustainalytics 自 2020 年以来被收购后成为基金公司晨星的一部分。主要的传统评级机构也不想错过这一趋势,标普在 2019 年推出了自己的 ESG 评级部门;穆迪在著名的可持续发展机构 Vigeo Eiris 中掌握了多数股权。同时,惠誉所依赖的 ESG 评分已经融入了公司自身的信用评级;而 ISS 现在是德意志交易所的一部分。

这里存在一个明显的关键问题:该行业缺乏统一化标准。由于对"ESG"或"可持续性"没有统一的定义,所以不同的数据提供者、评级机构或指数设计者会基于各自的算法得到不同的结果。一些 ESG 评级机构甚至不披露他们使用什么标准来确定其评级,这会给投资者带来巨大的不确定性。最近的一项研究发现,六个不同供应商的 ESG 评级的相关性平均只有 0.54。① 与此形成鲜明对比的是,在传统的信用评级中,其相关性为 0.99。同时,Refinitiv 提供的研究记录也展现了历史上 ESG 评级的广泛追溯性变化。②

一个相关的问题是,评级机构的数据要么来自公司的自我报告,要么来自评估 ESG 报告和公司网站信息的算法。众所周知,以自我报告为来源的评级未必可靠。英国金融服务公司 Hargreaves Lansdown 最近的一项研究中,根据 Refinitiv 的数据从富时 100 指数中排出了五家被认为是最环保和最有社会责任感的公司。结果令人惊讶的是,排名前五位的公司包括了英美烟草公司(为 200 多个品牌香烟供应烟草)、可口可乐公司(以含糖软饮料闻名)和 Glencore(全球矿业公司)。③

附带说明一下,ESG 评级不能与所谓的第二方意见(Second-Party Opinions, SPO)相混淆。这些意见是指由独立的一方来评估绿色债券或绿色期票的优点。SPO

---

① See Florian Berg, Julian F. Kölbel & Roberto Rigobon, *Aggregate Confusion: The Divergence of ESG Ratings*, Working Paper 2020, https://ssrn.com/abstract=3438533;Elroy Dimson, Paul Marsh & Mike Staunton, *Divergent ESG Ratings*, 47 J. PORTFOLIO MGMT. 75(发现各机构之间存在广泛分歧的评级,并质疑它们对投资者的效用).

② See Florian Berg, Kornelia Fabisik & Zacharias Sautner, *Is History Repeating Itself? The (Un) Predictable Past of ESG Ratings*, ECGI Finance Working Paper No. 708/2020, https://ssrn.com/abstract=3722087.

③ See Sophie Lund-Yates, *FTSE 100-the 5 highest ESG rated companies* (March 3, 2021), https://www.hl.co.uk/news/articles/ftse-100-the-5-highest-esg-rated-companies.

评估的内容是公司利用绿色工具寻求融资的项目是否确实具有可持续性。与 ESG 评级相比,SPO 不一定考虑到公司的全部活动。此外,SPO 证明发行人符合可持续融资的现行标准。从法律的角度来看,尽管没有任何有约束力的法规,但至少在这个市场领域,国际资本市场协会(International Capital Market Association,ICMA)《绿色债券原则》已经建立了一个事实上的市场标准。①

最后,股东代理顾问作为资本市场上一类强有力的参与者,已经成为一种推动负责任投资的中介机构。股东代理咨询公司是独立的服务提供商,他们帮助机构投资者执行他们对股东事务的投票决定,并就如何给他们所持股的公司投票提供建议。这个市场由两家相对较小的股东代理咨询公司主导,即机构股东服务(Institutional Shareholder Services,ISS)和 Glass Lewis,它们共同控制了 90% 以上的代理咨询市场。在过去,代理顾问的主导地位和其对公司投票事项的影响力引起了人们的担忧,与此紧密相连的是人们对资产管理公司盲目、过度依赖的担忧。②

最近,学者们的注意力转向了股东代理顾问在促进 ESG 目标方面发挥的作用。③已经出现的情况是,ISS 这种占市场主导地位的代理顾问,甚至比大多数传统资产管理公司更支持环境和社会决议。④ 例如,ISS 采取了一项名为“重要温室气体排放者”的新投票政策,该政策中提到的公司的工业温室气体排放量达到了全部公司的 80% 以上,因此该政策被认为是推动全球净零排放转型的关键。⑤ ISS 的指导方针面对这些公司指出,如果它确定该公司没有采取必要的了解、评估和减轻气候风险的“最低限度措施”来实现公司和社会目标,它将建议对直接负责的董事会委员会的现任主席

① See International Capital Markets Association (ICMA), Green Bond Principles: Voluntary Process Guidelines for Issuing Green Bonds (June 2021), https://www.icmagroup.org/sustainable-finance/theprinciples-guidelines-and-handbooks/green-bond-principles-gbp/.

② See The SEC Adopted new Rules Governing Proxy Advisors over those Concerns in 2020: SEC, *Exemptions from the Proxy Rules for Proxy Voting Advice*, 85 *FR* 55082, Sept. 3, 2020 (Release No. 34 – 89372, July 22, 2020).

③ See John G. Matsusaka & Chong Shu, *A Theory of Proxy Advice When Investors Have Social Goals*, *USC* Paul Rose, *Proxy Advisors and Market Power: A Review of InstitutiMarshall School of Business Research Paper* (Oct. 26, 2020), https://papers.ssrn.com/sol3/papers.cfm?abstract_id=3547880; onal Investor Robovoting, Report for the Manhattan Institute (April 2021), https://ssrn.com/abstract=3851233.

④ See Kevin Chuah, Isobel Mitchell & Lily Tomson, Another Link in the Chain: Uncovering the role of proxy advisors in investor voting, ShareAction Report (2021), https://api.shareaction.org/resources/reports/Another-Link-in-the-Chain_Uncovering-the-role-of-proxy-advisorsin-investor-voting.pdf.

⑤ 这些公司是目前被确定为“气候行动 100 + 焦点小组”一部分的 167 家公司。The list is https://www.climateaction100.org/whos-involved/companies/.

投反对票。[①] ISS 所认定的"最低限度措施"将得到加强,届时 ISS 将要求公司提供详细的气候风险披露,包括董事会治理、公司战略、风险管理分析和衡量标准和大规模的减排目标。[②] 此外,如果董事会内没有明显的种族或民族多样性成员或妇女,他们一般会建议投票反对拟议的董事。[③] 人们还发现,ISS 与第二大代理公司 Glass Lewis 相比,在 ESG 事务上的支持力度更大。[④] 虽然过度依赖股东代理咨询建议的问题还没有得到解决,但他们对投票决定的影响力仍然很大,他们的决定代表着一种对投资者驱动型的负责任投资的额外支持。

五、建　议

现在投资者越来越纯粹地为了自己的利益而推动企业的可持续政策,针对这一结论,笔者提出两大建议以指导立法者和监管者之后的行动。

第一条建议针对这一结论可能产生负面的影响。在投资者主动推动追求实现 ESG 目标的情况下,对公司董事会的管理制度进行额外的修改似乎是不必要的。更糟糕的是,修改董事的职责可能会在投资者主导的可持续性方面产生反作用,例如,公司管理层可能会以保护相关者的利益为幌子,反对机构股东及其努力,从而稳固公司管理层的地位。[⑤] 因此,立法者改革公司董事监管制度的举措应暂缓实施,特别是欧盟委员会。[⑥] 正如最近的一份针对欧盟提案的文件所指出的,这些举措需要结合经

---

① See Institutional Shareholder Services, *U. S. Proxy Voting Guidelines* 16 (Dec. 13, 2021), https://www.issgovernance.com/file/policy/active/americas/US-Voting-Guidelines.pdf.

② See Marc S. Gerber & Raquel Fox, *Investors Press for Progress on ESG Matters, and SEC Prepares To Join the Fray*, SKADDEN INSIGHTS (Jan. 19, 2022), https://www.skadden.com/insights/publications/2022/01/2022-insights/corporate/investors-press-for-progress.

③ See Institutional Shareholder Services, *U. S. Proxy Voting Guidelines* 16 (Dec. 13, 2021), https://www.issgovernance.com/file/policy/active/americas/US-Voting-Guidelines.pdf.

④ See Kevin Chuah, Isobel Mitchell & Lily Tomson, Another Link in the Chain: Uncovering the role of proxy advisors in investor voting, ShareAction Report (2021), https://api.shareaction.org/resources/reports/Another-Link-in-the-Chain_Uncovering-the-role-of-proxy-advisors in-investor-voting.pdf. ISS 建议投资者在 79% 的时间内投票"支持"股东决议,这远高于 Glass Lewis 支持的 53% 的投票率。

⑤ See Lucian Bebchuk & Scott Hirst, *Index Funds and the Future of Corporate Governance: Theory, Evidence, and Policy*, 119 COLUM. L. REV. 2029, 2033 (2019).

⑥ See European Commission, *Public consultation on Sustainable Corporate Governance* (Oct. 26, 2020 – Feb. 8, 2021), https://ec.europa.eu/info/law/better-regulation/have-your-say/initiatives/12548-Sustainable-corporategovernance/public-consultation_en.

济数据和上文提出的“行业自我监管”方法来重新考虑。① 委员会的倡议和安永会计报告②也引起了不同学术领域的激烈批评,③其他的以强制性的方式试图规定可持续性标准的改革行为也受到了类似的批评。④

作为一个有别于过度追求规定性方法的替代方案,笔者针对结论可能带来的积极影响提出了第二条建议:增大投资者的影响力,即通过“团队合作”模式进行项目的有效过滤和审核后,推动企业自发地追求可持续发展的举措。然而,我们已经看到,团队合作也面临着挑战。例如,著名的“搭便车”问题:成本可能由一小部分坚定而敏锐的投资者承担,而收益则由公司的所有投资者共享。此外,机构投资者之间的竞争和对立使合作变得困难,同时合作也对企业的独立和企业间的信任有着很高的要求。另外,协调工作是昂贵且耗时的,因为它需要克服语言和文化障碍,所以事实上,在来自不同司法管辖区的投资者们之间达成协议可能是困难的。最后,来自监管的障碍依然存在,如果监管系统能起到有效作用的话,那么其作用应该是支持和促进 ESG 参与其中。以下几个工具可以有效地达成这一目标。

1. 促进和明确规范

当前分析指出了在强制规定可持续性目标这种方法之外,监管可以起到促进和准许 ESG 投资的作用。美国劳工部(Department of Labor, DOL)目前提出的规则是一个证明监管可以合理进行的例子。这些规则关注退休计划受托人在美国 ERISA 框架下赞助的退休计划中投资 ESG 基金的能力。⑤ 在当前的改革之前,特朗普政府

① See Alexander Bassen, Kerstin Lopatta & Wolf-Georg Ringe, *Feedback Statement on the Sustainable Corporate Governance Initiative* (October 2020), https://ec.europa.eu/info/law/better-regulation/have-yoursay/initiatives/12548-Sustainable-corporate-governance/F594615_en; A summary has featured on the Oxford Business Law Blog at https://www.law.ox.ac.uk/business-law-blog/blog/2020/10/ec-corporate-governanceinitiative-series-eu-sustainable-corporate.

② See EY, Study on Directors' Duties and Sustainable Corporate Governance: Final Report (July 2020), https://op.europa.eu/en/publication-detail/-/publication/e47928a2-d20b-11ea-adf7-01aa75ed71a1/language-en.

③ See Mark J. Roe, Holger Spamann, Jesse Fried & Charles Wang, *The European Commission's Sustainable Corporate Governance Report: A Critique*, 38 YALE J. ON REG. BULL. 133 (2021); The European Company Law Experts Group, *A Critique of the Study on Directors' Duties and Sustainable Corporate Governance Prepared by Ernst & Young for the European Commission*, OXFORD BUS. L. BLOG (Oct. 14, 2020), https://www.law.ox.ac.uk/business-law-blog/blog/2020/10/ec-corporate-governance-initiative-series-critiquestudy-directors; Marcello Bianchi & Mateja Milič, *European Companies are Short-Term Oriented: The Unconvincing Analysis and Conclusions of the Ernst & Young Study*, OXFORD BUS. L. BLOG (Oct. 13, 2020), https://www.law.ox.ac.uk/business-law-blog/blog/2020/10/ec-corporate-governance-initiative-serieseuropean-companies-are.

④ See Dirk A. Zetzsche & Linn Anker-Sørensen, *Regulating sustainable finance in the dark*, 23 EUR. BUS. ORG. L. REV. 47 (2022).

⑤ ERISA 代表 1974 年的《雇员退休收入保障法》(Employee Retirement Income Security Act),但这里指的是管理雇员福利计划的整个监管框架。

已经对受托人在其退休计划中使用 ESG 基金的能力造成了一些相当大的监管不确定性。2021 年 10 月,美国 DOL 发布了一项提案,将取消对 ESG 投资规则的一些限制。[①] 如果这项提案被采纳,就意味着退休金计划发起人可以更有信心地将 ESG 基金纳入他们的计划。尽管在以前的 ESG 指导文件中,ERISA 计划发起人的受托责任一直保持一致,但由于不同行政部门不断发布新的指导文件,导致计划发起人方面产生很大的不确定性,这让他们在一定程度上不愿意将 ESG 基金广泛纳入退休计划。[②] 这意味着受 ERISA 监管的受托人无法遵循一般的市场惯例。[③] 然而,DOL 的新规则与以前的规则不同,它现在提议将 ESG 基金和其他任何投资基金同等对待。虽然 ERISA 的核心原则中谨慎和忠诚的义务仍然是最重要的,但拟议的法规认识到 ESG 因素在投资选择中是"财务上重要的",并明确了 ESG 因素的影响在评估特定的投资选择时是一个适当的考虑因素。[④] 在适当的时间范围内,面临在收益和风险相等的投资选择时,将 ESG 考虑作为"决定性因素"的做法也得到了明确。

虽然这些变化看起来是技术性的,但其实它们有可能"改变 ESG 游戏"[⑤],因为它们将使 ERISA 退休金计划的大量资金(重新)向 ESG 市场投入。但重要的是,拟议的规则并没有规范的授权 ESG 投资;它们只是明确了受托人可以依照个人意愿投资于 ESG 产品的立场。一旦这些规则被采纳,在个别事实和情况中 ESG 因素会被当作一个重要因素,不仅受托人可以适当地考虑它们,而且在某些情况下,甚至可能需要对这些因素进行评估。[⑥]

---

① See Department of Labor, Employee Benefits Security Administration, Prudence and Loyalty in Selecting Plan Investments and Exercising Shareholder Rights, 86 Fed. Reg. 57(2021).

② See Melissa Kahn, *The New DOL Proposal May Change the ESG Game*, Harvard Law School Forum on Corporate Governance (Dec. 8, 2021), https://corpgov. law. harvard. edu/2021/12/08/the-new-dolpropo sal-may-change-the-esg-game/.

③ See PRI, *Consultation Response-U. S. Department of Labor: Prudence and Loyalty in Selecting Plan Investments and Exercising Shareholder Rights* (Dec. 13, 2021), https://www. unpri. org/download? ac = 15663.

④ DOL, ERISA stands for the Employee Retirement Income Security Act of 1974 but here refers to entire regulatory framework that govern employee benefit plans.

⑤ Melissa Kahn, *The New DOL Proposal May Change the ESG Game*, *Harvard Law School Forum on Corporate Governance* (Dec. 8, 2021), https://corpgov. law. harvard. edu/2021/12/08/the-new-dolproposal-may-change-the-esg-game/.

⑥ See Thoms P. DiNapoli, State Comptroller of New York, *Consultation Response: Prudence and Loyalty in Selecting Plan Investments and Exercising Shareholder Rights* (Dec. 9, 2021).

2. 披露和标准化

任何自我监管的尝试都面临着信息不对称和缺乏市场标准化的困难。目前,全球范围内存在各种各样的标准和低质量的数据,这使遵守规定非常困难,同时也削弱了投资者的参与效率。这是直接投资和那些依赖评级的投资者都面临的问题。[①] 对于在多个司法管辖区运营的公司来说,差异很大的规则和条例可能会引发大量有差异的披露,这会使投资者更难以比较和查明可核实的可靠信息。[②] 同时,它们会招致监管套利和"洗绿"。[③] 更糟糕的是,不同的标准最终可能导致逐底竞争。[④] 在更实际的层面上,产品、数据和标准的不透明使最终投资者难以最适当地利用其资金,进而削弱了投资者主导的可持续性模式的力量。[⑤] 因此,机构投资者越发要求采用更加标准化和可比较的报告标准。[⑥]

在过去的几年里,世界范围内已经采用了许多 ESG 报告系统,如可持续发展会计准则委员会(Sustainability Accounting Standard Board,SASB)[⑦]、全球报告倡议组织(Global Reporting Initiative,GRI)[⑧]、世界经济论坛(World Economic Forum,WEF)的可持续资本主义衡量标准[⑨],以及由 20 国集团(Group of 20,G20)金融稳定委员会[⑩]建立的气候相关金融信息披露工作组(Task Force on Climate-Related Financial Disclosure,TCFD)[⑪]所采用的框架系统。根据最近的一项调查,75% 的投资者推荐

---

① See Silvia Pavoni, *The search for the Meaning of Green*, Fin. Times (May 24, 2021), FTfm 5.

② See Sara Bernow et al., *More than values: The value-based sustainability reporting that investors want*, McKinsey & Company (Aug. 7, 2019), https://www.mckinsey.com/businessfunctions/sustainability/our-insights/more-than-values-the-value-basedsustainability-reporting-thatinvestors-want.

③ See Dana Brakman Reiser & Anne Tucker, *Buyer Beware: Variation and Opacity in ESG and ESG Index Funds*, 41 Cardozo L. Rev. 1921 (2020).

④ See Jean Raby,负责任的投资应该改善并跑赢市场,而不是成为市场, FIN. NEWS (Jan. 5, 2021), https://www.fnlondon.com/articles/responsible-investment-should-improve-andoutperform-the-market-not-become-the-market-20210105。

⑤ 论披露监管在赋能绿色金融转型中的作用,参见 Tobias Tröger & Sebastian Steuer, *The Role of Disclosure in Green Finance*, ECGI Law Working Paper No. 604/2021, https://ssrn.com/abstract=3908617。

⑥ See PwC, Global Investor Survey: The economic realities of ESG 5 (December 2021).

⑦ SASB 标准可在以下网址下载:https://www.sasb.org/standards/download/。

⑧ Global Reporting Initiative, Consolidated Set of GRI Sustainability Reporting Standards 2020 (2020), https://www.globalreporting.org/standards/download-the-standards/.

⑨ World Economic Forum, Measuring Stakeholder Capitalism: Towards Common Metrics and Consistent Reporting of Sustainable Value Creation (Sept. 22, 2020), https://www.weforum.org/reports/measuring-stakeholder-capitalism-towards-common-metrics-and-consistentreporting-of-sustainable-value-creation.

⑩ 关于一个概述和全面的讨论,参见 Virginia Harper Ho, *Modernizing ESG Disclosure*, Working Paper 2021, https://ssrn.com/abstract=3845145。

⑪ TCFD, Recommendations of the Task Force on Climate-related Financial Disclosures (June 2017), https://assets.bbhub.io/company/sites/60/2020/10/FINAL-2017-TCFD-Report-11052018.pdf.

SASB 和53%的投资者推荐 TCFD 作为沟通 ESG 信息的最佳标准。①

目前,各国和各地区的做法差异很大。在美国,"三巨头"资产管理公司和其他公司目前鼓励公司遵循 SASB 报告标准和 TCFD 制度。美国证券交易委员会(Securities and Exchange Commission,SEC)目前正在考虑采取新规去强制特定 ESG 的披露。② 2021 年6 月,众议院通过立法,要求 SEC 发布关于 ESG 披露的新规则。③虽然这项提议在参议院中通过的概率较小,但它仍然会对 SEC 的努力有所促进。2021 年10 月,SEC 主席加里·冈斯勒宣布就非财务披露政策进行公开咨询。④ 与之并行的是,金融会计准则委员会(Financial Accounting Standards Board,FASB)已经向其工作人员发布了关于将包括气候变化在内的 ESG 事项纳入财务报表的指导意见。⑤ 与此同时,私营机构也在推行他们各自的计划。例如,纳斯达克已经对其上市标准进行了修改,要求其上市公司从 2022 年起加强对董事会多样性的披露,并要求他们至少有两名"多元化"的董事会成员,如果没有,则必须披露其原因。⑥

欧盟的制度仍处于新兴阶段。于 2021 年3 月生效的《可持续金融披露条例》(Sustainable Finance Disclosures Regulation,SFDR)目前正在欧盟范围内实施。它对包括银行和投资公司在内的金融服务机构提出了与可持续性相关的披露要求。欧盟委员会还公布了一项修订《企业可持续报告指令》(The Corporation Sustainability Reporting Directive,CSRD)⑦的提案,作为其"一揽子"可持续金融计划

---

① See Morrow Sodali, Institutional Investor Survey 2021, https://morrowsodali. com/insights/institutional-investor-survey-2021.

② 2021 年3 月,SEC 发布了关于气候变化披露的公众评论请求,并宣布在执法部门成立气候和 ESG 工作组(more information at https://www. sec. gov/news/public-statement/lee-climate-change-disclosures). See David A. Katz & Laura A. McIntosh, *SEC Regulation of ESG Disclosures*, Harvard Law School Forum on Corporate Governance (May 28, 2021), https://corpgov. law. harvard. edu/2021/05/28/sec-regulation-of-esg-disclosures/; Virginia Harper Ho, *Modernizing ESG Disclosure*, Working Paper 2021, https://ssrn. com/abstract = 3845145.

③ Corporate Governance Improvement and Investor Protection Act, H. R. 1187.

④ See Gary Gensler, *Testimony Before the United States House of Representatives Committee on Financial Services* (Oct. 5, 2021), https://www. sec. gov/news/testimony/gensler – 2021 – 10 – 05.

⑤ See FASB, FASB Staff Educational Paper: Intersection of Environmental, Social, and Governance Matters with Financial Accounting Standards (Mar. 19, 2021).

⑥ See Nasdaq, *Nasdaq to Advance Diversity through New Proposed Listing Requirements*, (Dec. 1, 2020), https://www. nasdaq. com/press-release/nasdaq-to-advance-diversity-through-new-proposed-listingrequirements-2020 – 12 – 01. 该提案于 2021 年2 月进行了修订,并于 2021 年8 月获得了 SEC 的批准。See Securities and Exchange Commission, Release No. 34 – 92590 (August 6, 2021), https://www. sec. gov/rules/sro/nasdaq/2021/34 – 92590. pdf.

⑦ European Commission, Proposal for a Directive of the European Parliament and of the Council amending Directive 2013/34/EU, Directive 2004/109/EC, Directive 2006/43/EC and Regulation (EU) No 537/2014, as regardscorporate sustainability reporting (Apr. 21, 2021), COM(2021) 189 final.

的一部分。[①] 如果该指令通过，将大大提升并扩展现有的《非财务报告指令》(Non-financial Reporting Directive，NFRD)[②]。CSRD计划的适用范围将会扩大到大多数大型公司和所有在监管市场上市的公司，但上市的微型企业除外。它引入了更详细且严格的报告要求，并要求根据强制性的欧盟可持续性报告标准进行报告。它还将要求公司以机器可读的形式对报告信息进行数字化分类，并将其输入欧洲的统一企业信息平台。

最后，欧盟的《分类法条例》(Taxonomy Regulation)是欧盟制度的一个重要支柱，因为它对投资类型进行了分类和分级，并提供了"绿色"投资活动共同的定义和构成标准。[③] 因此，它有一个明确的目标，即解决洗绿问题。此外，它还要求公司披露其符合环境可持续发展的营业额比例。[④]《分类法条例》于2020年7月生效，预计将为投资者创造法律确定性，保护私人投资者免受洗绿之害，帮助公司规划其转型、缓解市场分裂，并最终帮助投资流向最需要的地方。[⑤] 欧盟委员会目前正在通过一些授权法案，以充实《分类法条例》的结构。

在英国，金融行为监管局通过了一项新的上市规则，要求优质上市发行人从2021年开始，在"遵守或解释"的基础上，公开其与气候相关的披露是否符合TCFD的建议。[⑥] 此外，目前正在审议一项政府提案，该提案将强制要求上市公司、大型私营公司和有限责任合伙企业披露其与气候相关的财务，并必须达到TCFD标准。[⑦] 这两种举

---

① See European Commission, Communication from the Commission to the European Parliament, the Council, the European Economic and Social Committee and the Committee of the Regions: EU Taxonomy, Corporate Sustainability Reporting, Sustainability Preferences and Fiduciary Duties: Directing finance towards the European Green Deal (Apr. 21, 2021), COM(2021) 188.

② 欧洲议会和理事会于2014年10月22日发布的指令2014/95/EU修订了关于某些大型企业和集团披露非财务和多样性信息的指令2013/34/EU [2014] OJ L330/1。

③ 欧洲议会和理事会于2020年6月18日颁布的(EU)2020/852条例，关于建立促进可持续投资的框架，以及修订条例(EU)2019/2088，[2020] OJ L198/13。

④ 参见《分类法条例》第8条。

⑤ See European Commission, *What is the EU taxonomy*, https://ec.europa.eu/info/business-economy-euro/bankingand-finance/sustainable-finance/eu-taxonomy-sustainable-activities_en.

⑥ See Financial Conduct Authority, Proposals to enhance climate-related disclosures by listed issuers and clarification of existing disclosure obligations, Policy Statement PS20/17 (Dec. 2020), https://www.fca.org.uk/publication/policy/ps20-17.pdf.

⑦ See Department for Business, Energy & Industrial Strategy, Consultation on requiring mandatory climate-related financial disclosures by publicly quoted companies, large private companies and Limited Liability Partnerships (LLPs) (March 2021), https://assets.publishing.service.gov.uk/government/uploads/system/uploads/attachment_data/file/972422/Consu ltation_on_BEIS_mandatory_climate-related_disclosure_requirements.pdf.

措都建立在政府 2019 年绿色金融战略的基础上[①],并将于 2023 年全面投入使用。

这个简短的概述表明,这样一个存在不同的监管手段、标准和义务的初期局面不利于透明的、追求投资者主导的可持续性全球投资市场的发展。这里需要一个真正的全球标准,使投资和活动具有可比性。在积极的一面,ESG 运动已经引发了多种倡议并建立了披露系统,尽管这些行动的协调性和一致性尚不充分。[②] 一个值得称道的举措来自企业报告对话(Corporate Reporting Dialogue,CRD),它主要是由国际综合报告理事会建立的一个平台,目标是促进国际企业报告系统、标准和相关要求之间的一致性、连贯性和可比性。[③] 同样,国际会计准则委员会(International Accountioning Standard Board,IASB)最近宣布要为 ESG 报告制定一个宏大的全球标准。[④] 其中的关键是新成立的国际可持续发展标准委员会(International Sustainability Standards Board,ISSB),它将为公司建立一个单一的、全球性的 ESG 披露系统。[⑤] 无论哪种标准将来在全球发挥主导作用,都需要一个强大的、独立的且最关键的是需要一个可信赖的机构的支持。[⑥]

3. 消除合作的障碍

通过上文看到,"团队合作"的概念为 ESG 激进主义的未来发展带来了巨大的希望,即建立联盟使参与的股东拥有了更大的影响力,同时也限制了权力滥用的可能

① See HM Government, *Green Finance Strategy: Transforming Finance for a Greener Future* (July 2019), https://assets. publishing. service. gov. uk/government/uploads/system/uploads/attachment_data/file/820284/190716_BEIS_Green_Finance_Strategy_Accessible_Final. pdf.

② See Patrick de Cambourg, *Ensuring the Relevance and Reliability of Non-financial Corporate Information: An Ambition and a Competitive Advantage for a Sustainable Europe* (May 2019), https://www. responsible-investor. com/reports/multiple-authors-ensuring-the-relevance-and-reliability-of-nonfinancial-co.

③ See https://corporatereportingdialogue. com/.

④ See IFRS, *IFRS Foundation Trustees Announce Next Steps in Response to Broad Demand for Global Sustainability Standards* (Feb. 2, 2021), https://www. ifrs. org/news-and-events/2021/02/trustees-announcenextsteps-in-response-to-broad-demand-for-global-sustainability-standards/; IFRS, *IFRS Foundation Trustees Announce Strategic Direction and Further Steps Based on Feedback to Sustainability Reporting Consultation* (Mar. 8, 2021), https://www. ifrs. org/news-and-events/news/2021/03/trustees-announce-strategicdirectionbased-on-feedback-to-sustainability-reporting-consultation/.

⑤ See https://www. ifrs. org/groups/international-sustainability-standards-bo ard/; Martha Carter et al., *Towards a Global ESG Disclosure Framework*, Harvard Law School Forum on Corporate Governance (Jan. 9, 2022), https://corpgov. law. harvard. edu/2022/01/09/towards-a-global-esg-disclosureframework/.

⑥ See Paul Brest & Colleen Honigsberg, *Measuring Corporate Virtue—And Vice: Making ESG Metrics Trustworthy*, in Frontiers in Social Innovation: the Essential Handbook for Creating, Deploying, and Sustaining Creative Solutions to Systemic Problems 79 (Neil Malhotra, ed., 2022).

性。[①] 然而,目前存在一些限制投资者合作可能性的监管障碍。例如,美国的代理征集规则使发起投资者活动的成本非常高。[②] 具体而言,在 2019 年,美国 SEC 通过了关于代理顾问和代理的征询意见,这使投资顾问代表客户行使股东投票权变得更加困难且昂贵。[③] 一年后,美国 SEC 通过了与代理顾问有关的新规则和额外指导,这进一步增加了投票过程的成本和复杂性,并强制要求发行人更多地参与代理投票决策。[④] 而最近,对第 14a – 8 条的监管改革提高了门槛,使股东在公司股东大会中更难通过股东提案。[⑤] 这种政策的制定受到了严厉的谴责,甚至美国 SEC 内部对此也持批评的态度,因为它阻碍了股东参与,尤其是在 ESG 倡议活动中。[⑥]

欧洲和其他司法管辖区关于"一致行动"的规则限制了建立联盟的可能性:在欧盟成员国的披露规定中,各方所持有的股票必须一起计算,并且需要提前披露。[⑦] 在美国,投资者在没有披露的情况下,非正式地就某事项一起行动可能被视为违反了"公平披露"条例。[⑧] 此外,如果协同行动的投资者共同"控制"了公司,他们就可能需要根据欧盟的收购指令对该公司进行强制收购。[⑨] 这些规则长期以来被认为是阻碍股东参与的一大障碍,因为违反这些规则意味着巨大的财务后果。[⑩] 最后,股东激进主义在现有的内幕交易法中存在一些摩擦和法律不确定性,这些问题都有待

① See Paul Brest & Colleen Honigsberg, *Measuring Corporate Virtue—And Vice: Making ESG Metrics Trustworthy*, in Frontiers in Social Innovation: The Essential Handbook For Creating, Deploying, and Sustaining Creative Solutions to Systemic Problems 79 (Neil Malhotra, ed., 2022).

② 参见 SEC 条例 14A,规则 14a1 至 14a7。

③ See *Commission Guidance Regarding Proxy Voting Responsibilities of Investment Advisers*, Rel. No. IA5325 (Aug. 21, 2019); *Commission Interpretation and Guidance Regarding the Applicability of the Proxy Rules to Proxy Voting Advice*, Rel. No. 34 – 86721 (Aug. 21, 2019).

④ See Exemptions from *the Proxy Rules for Proxy Voting Advice*, Rel. No. 34 – 89372 (July 22, 2020); Supplement to *Commission Guidance Regarding Proxy Voting Responsibilities of Investment Advisers*, Release No. IA5547 (July 22, 2020).

⑤ See Procedural Requirements and Resubmission Thresholds under Exchange Act Rule 14a – 8, Rel. No. 34 – 89964 (Sept. 23, 2020).

⑥ See Allison Herren Lee, *Statement by Commissioner Lee on the Amendments to Rule 14a – 8*, Harvard Law School Forum on Corporate Governance (Sept. 24, 2020), https://corpgov. law. harvard. edu/2020/09/24/statement-by-commissioner-lee-on-the-amendments-to-rule-14a-8/.

⑦ See Transparency Directive 2004/109/EC, Articles 9, 10(a).

⑧ See Reg FD, 17 CFR Part 243.

⑨ See Takeover Directive 2004/25/EC, Article 5(1).

⑩ 参见 Joseph A. McCahery, Zacharias Sautner & Laura T. Starks, Behind the Scenes, *The Corporate Governance Preferences of Institutional Investors*, 71 J. Fin. 2905(2016);ESMA, *Report: Undue short-term pressure on corporations*, ESMA 30 – 22 – 762 (December 2019) at 64; PRI, Addressing System Barriers (2022):"当机构投资者寻求与公司合作时,一致行动往往被认为是一个主要的监管障碍。"

解决。[①]

特别是在推动可持续发展的时候,监管机构开始意识到正确的措施是促进而不是限制投资者的参与。欧洲证券和市场管理局(ESMA)保有一份白名单,列举出那些不会被当作“一致行动”的活动。[②] 最近有提议建议对这份名单进行复审,探讨是否应将 ESG 领域的协调活动列入其中,以刺激 ESG 在这一领域的参与。[③] 这个提议目前备受欢迎。

4. 促进投资者平台

上文论述了投资者平台的建立会极大地促进投资者参与。[④] 研究表明,这种被称为投资者集体行动组织(ICAO)的平台可以使投资者之间的互动更加容易、识别主要投资者、传播信息,并帮助分担参与的成本。其中一个例子是“负责任投资原则”(PRI)合作平台,由投资者与联合国环境署金融倡议和联合国全球契约合作建立。[⑤] PRI 是全球领先的网络平台,也是最大的投资者倡议,它主要面向的领域是负有责任的所有权和长期可持续的回报。PRI 平台提供了一个重要的数据库,其中记录了世界各地的 ESG 方面的活动。该平台允许主要投资者发起并推销活动,支持由 PRI 或活动领导者邀请的投资者加入活动,也可以通过 PRI 的在线合作平台加入。[⑥] 我们已经看到,多个与 ESG 相关的专业平台已经存在,并在促进投资者参与方面发挥了重要作用。这里成功例子有“气候行动 100 + ”倡议和名为 CERES 的非政府组织等。

在 ESG 领域之外,投资者平台以各种形式存在。一个例子是荷兰企业管理平台 Eumedion,它代表了全世界投资于荷兰上市公司的机构投资者的利益。该平台致力于促进荷兰上市公司实行良好公司治理和可持续发展政策,并推动其成员的参与度和责任感。除此之外 Eumedion 特别支持其成员之间以及成员与荷兰上市公司之间的交流。[⑦] 一个类似的机构是加拿大善治联盟(Canadian Coalition for Good

---

① See Ana Taleska, *European Insider Trading Theory Revisited: The Limits of the Parity-of-Information Theory and the Application of the Property Rights in Information Theory to Activist Investment Strategies*, 17 Eur. Company & Fin. L. Rev. 558(2020).

② See ESMA, *Public Statement Information on Shareholder Cooperation and Acting in Concert under the Takeover Bids Directive* (Feb. 8, 2019), ESMA31 - 65 - 682.

③ See ESMA, *Report: Undue Short-term Pressure on Corporations*, ESMA 30 - 22 - 762 (Dec. 2019), at pp. 69, 70.

④ See ESMA, *Report: Undue Short-term Pressure on Corporations*, ESMA 30 - 22 - 762 (Dec. 2019).

⑤ PRI 平台的网址是 https://collaborate.unpri.org/。

⑥ See Elroy Dimson, Oğuzhan Karakaş & Xi Li, *Coordinated Engagements*, ECGI Finance Working Paper No. 721/2021, http://ssrn.com/abstract_id = 3209072.

⑦ See Eumedion Corporate Governance Forum, *About Eumedion*, https://en.eumedion.nl/About-Eumedion.html.

Governance，CCGG），它将投资于加拿大上市股票的机构股东们捆绑在一起。[①] 该联盟旨在促进加拿大上市公司进行良性治理并协调其参与活动，它同时也声称会重点关注与环境和社会风险治理有关的议题。[②]

所有这些网络和平台都对于促进投资者的参与、克服“搭便车”动机和协同行动问题有至关重要的作用。迪姆森和他的同事认为，平台可以非常有效地帮助投资者利用和克服共同追求目标的优势和挑战。[③] 相关研究记录了机构投资者利用这些平台通过集体行动来改善治理的成果。[④] 诚然，这种平台也可以由商业协会自己建立并通过自我监管的方式发展。然而，目前联合国的 PRI 平台仍被认为是促进 ESG 目标的最有效平台，它的相当一部分力量来自联合国的财政和声誉支持。因此，监管机构可能倾向于考虑在该领域建立或赞助平台治理的方案。德国可持续金融专家小组在其最终报告中建议建立这样一个平台，以促进集体参与。[⑤]

六、结　论

笔者将 ESG 的关注重点从监管干预转移到支持用市场主导方式进行 ESG 投资。笔者认为，首先，投资者的倡议和参与在目前和未来都应该是促进市场可持续发展方向的主要工具。这种对市场的信任是基于近期金融市场中供应方和需求方的发展状况，以及基金向共同所有权的转变。其次，建立联盟和拉拢投资者的需要可以作为一个内在的检查机制，这会有助于限制股东利益异质性投资，从而仅进一步支持那些得到大多数投资者支持的运动。特别是，近年来出现的制度化的投资者平台会有助于协调投资者运动并分担成本。最后，针对政策的建议是：立法者应该采取支持和促进的方法，支持投资者的参与和私人秩序的建立。通过这种做法，静态的和干预性的法律政策的必要性都将降低。

---

① See Craig Doidge, Alexander Dyck, Hamed Mahmudi & Aazam Virani, *Collective Action and Governance Activism*, 23 Rev. Fin. 893 (2019).

② See Canadian Coalition for Good Governance, 2020 Annual Report: Engagement through a Governance Lens-Connecting boards and investors through principles of good governance (2021), https://ccgg.ca/wpcontent/uploads/dlm_uploads/2021/06/CCGG-2020-Annual-Report_Final.pdf.

③ See Elroy Dimson, Oğuzhan Karakaş & Xi Li, *Coordinated Engagements*, ECGI Finance Working Paper No. 721/2021, http://ssrn.com/abstract_id=3209072.

④ See Craig Doidge, Alexander Dyck, Hamed Mahmudi & Aazam Virani, *Collective Action and Governance Activism*, 23 Rev. Fin. 893 (2019).

⑤ See Sustainable Finance Beirat der Bundesregierung, *Shifting the Trillions: Ein nachhaltiges Finanzsystem für die Große Transformation* 36 (2021), https://sustainable-finance-beirat.de/wpcontent/uploads/2021/02/210224_SFB_-Abschlussbericht-2021.pdf.

征稿启事

中证中小投资者服务中心(以下简称投服中心)是由中国证监会批准设立并直接管理的证券金融类全国性公益机构。《投资者》是投服中心主办、拟向社会公开连续出版的综合性出版物。宗旨是维护投资者权益,为投资者提供保护与服务。

《投资者》以法学领域探究为侧重点,展现国内外投资者权益保护的最新理论与实务动态,内容以境内为主,境外为辅;以实践为主,理论为辅。分为“政策解读”“理论探究”“公司治理”“市场实务”“投教园地”“案例探析”“域外视野”等部分,每辑根据实际情况作适当调整。

《投资者》拟每季度出版 1 辑,全年出版 4 辑。

一、征稿范围

涉及法学、经济学及其他领域,与投资者尤其是中小投资者及其权益保护相关的理论和实践性作品。要求未曾公开发表或主体部分未曾公开发表。

二、投稿须知

1. 文章应当论点鲜明、逻辑严谨、可读性强、贴近市场,具有学术深度和实践应用价值,字数在 8000 ~ 10,000 字为宜,特别优秀的理论文章字数不限。

2.《投资者》编委会保留对来稿进行文字性和技术性修改的权利。除作者特别说明外,其文章均为个人观点,与其所在单位、职务无关;不代表投服中心观点,文责由作者自负。

3. 来稿请附上作者的姓名、单位或学校、职称或职务、通信地址、邮编、电话、电子邮箱。

4. 请将 Word 文件发送至电子邮箱:tzzbjb@ isc. com. cn。文章应符合国家著作权规定、学术规范及《投资者》编辑体例要求。

5. 来稿一经录用,编委会将及时通知作者;选用后将根据文章质量及字数从优支付稿酬,并奉送样书。北大法宝法学期刊数据库全文收入本书。

6.联系人:王昕宸　　电话:021－60290646

地址:上海市浦东新区世纪大道1701号钻石大厦B座11楼中证中小投资者服务中心《投资者》编委会,邮编:200122。

投服中心

《投资者》编委会

2022年11月

编辑体例

一、标题：宋体四号字，加粗，居中。

二、作者：宋体小四号字，居中，并用上标星号（＊）作为介绍作者脚注的标志，在脚注中注明作者工作单位、职务、职称。如有两名作者，第二名作者用两枚上标星号（＊＊），以此类推。

三、摘要、关键词：中文摘要200字以内、关键词3～5个。

四、正文：宋体小四号字，首行缩进，行距1.5倍。区分标题和要点，标题层级依次为“一、……”“（一）……”“1. ……”“（1）……”要点层级依次为“1. ……”“（1）……”“①……”一级标题采用小四号字体加粗；二级标题采用黑体小四号字不加粗；三级标题宋体小四号字，不加粗。引用具体法律文件应加书名号，如《证券法》《上市公司重大资产重组管理办法》。法条序号（第×条、第×款、第×项）、时间（世纪、年代、年月日等）、数量金额等用阿拉伯数字，但直接引用原文的从原文。

五、注释：一律采用脚注，全文每页重新编号，注码放标点之后，注码符号为“①②③……”非引用原文的，注释前加“参见”；引用资料非原始出处的，注明“转引自”；宋体五号字。

常见注释示例如下：

1. 著作类

（独著作品）费孝通：《乡土中国》，人民出版社2015年版，第134～135页。

（合著作品）范健、王建文：《商法的价值、源流及本体》，中国人民大学出版社2007年版，第10页。

（多人合著作品）左卫民等：《中国基层司法财政变迁实证研究（1949—2008）》，北京大学出版社2015年版，第88页。

（编辑作品）何勤华编：《律学考》，商务印书局2004年版，第65～67页。

（中文译著作品）[英]洛克：《政府论》（上篇），瞿菊农、叶启芳译，商务印书局1982年版，第15~16页。

（台港澳作品）王泽鉴：《人格权法》，台北，三民书局2012年版，第15页。

（间接引用文献）参见王泽鉴：《民法学说与判例研究》，北京大学出版社2009年版，第108页。

2. 期刊论文类

（期刊）闫召华：《概率原理在犯罪嫌疑人摸排中的应用》，载《中国人民公安大学学报（社会科学版）》2013年第5期。

（论文集）尹田：《法国合同责任的理论与实践》，载梁慧星主编：《民商法论丛》第3卷，法律出版社1995年版。

（学位论文）雷丽清：《中美内幕交易罪比较研究》，华东政法大学2012年博士学位论文，第12页。

3. 报纸类

陈甦、陈洁：《投服中心持股行权：理念创新与制度集成》，载《上海证券报》2017年1月4日，第7版。

4. 古籍类

《清实录》卷一四六。

5. 辞书类

《牛津法律大词典》，光明日报出版社1988年版，第99页。

6. 网络类

汪波：《哈尔滨市政法机关正对"宝马案"认真调查复查》，载人民网2004年1月10日，http://www.people.com.cn/GB/shehui/1062/2289764.html。

单素华：《证券纠纷特别代表人诉讼相关程序性法律问题分析》，载新华网，http://www.xinhuanet.com/finance/2020-09/04/c_1126452998.htm。

7. 裁判文书

北京市海淀区人民法院民事判决书，（2018）京0108号民初142号。

8. 外文著作类

Richard H. Thaler, *Misbehaving: The Making of Behavioral Economics*, W. W. Norton & Company, 2015, p. 6.

9. 外文期刊类

Forrest Briscoe and Katherine C. Kellogg, *The Initial Assignment Effect: Local Employer Practices and Positive Career Outcomes for Work-Family Program Users*, 76 American Sociological Review,292(2011).

10. 外文案例类

Greebel v. FTP software,Inc. ,194 F. 3d 185(1st Cir. ,1999).

11. 外文网站类

Stephen McDonell,*When China Began Streaming Trials Online*,BBC News(Sept. 30,2016),https://www. bbc. com/news/blogs-china-blog – 37515399.